AF346228

tant que
j'aimerai

Mahuna Vigam

tant que j'aimerai

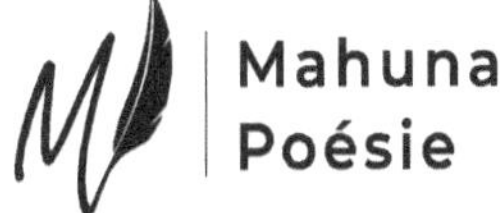

À découvrir dans la collection Mahuna Poésie :
au-delà de nos maux - décembre 2020

tant que j'aimerai est un recueil de textes qui aborde des thèmes
qui peuvent heurter la sensibilité des plus jeunes ou être considérés
comme difficiles et/ou violents.
Retrouvez la liste des *content warnings* sur le site de l'autrice en
scannant ce QR code ou sur la page du livre :

Ce livre est également disponible au format numérique
Mise en page : Mahuna Vigam
Illustrations : Mahuna Vigam

Dépôt légal : avril 2023
ISBN : 978-2-9575696-2-5
© Édité par Mahuna Poésie, Paris, 2023
Tous droits réservés pour tous pays.

Retrouvez l'actualité de Mahuna Vigam sur
Internet & Newsletter : https://mahunapoesie.com/
Instagram et TikTok : mahunapoesie

Je veux croire que la nécessité d'aimer
est plus forte que la délivrance d'y renoncer.

sommaire

palpitations

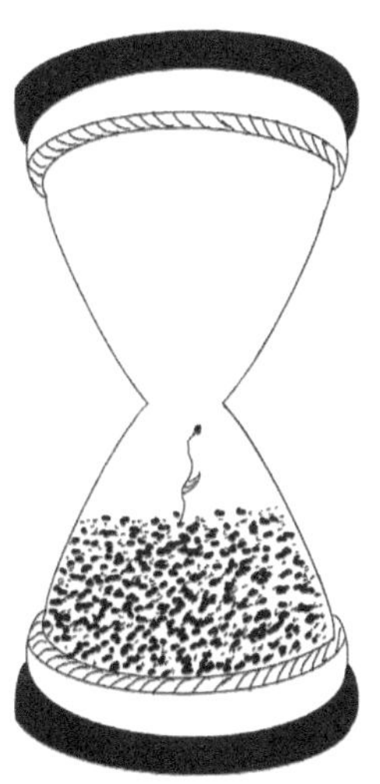

frissons ardents

ta longue absence
enflamme encore
mon essence

À quel moment
le non s'efface-t-il au profit du silence,
libérant la violence,
puisque qui ne dit mot consent ?

Et si j'avais trouvé le mot juste,
celui qui aurait su détruire mes peurs
et ébranler leur assurance de ne pas être
dans l'erreur ?

Et si j'avais trouvé le mot parfait,
celui qui aurait retenu les coups
celui qui aurait empêché les visites
celui qui aurait fait de moi une héroïne
plutôt qu'une énième victime ?

Peut-être était-ce ma faute en fin de
compte ?
Puisque j'ai joué la vierge dans un bordel.

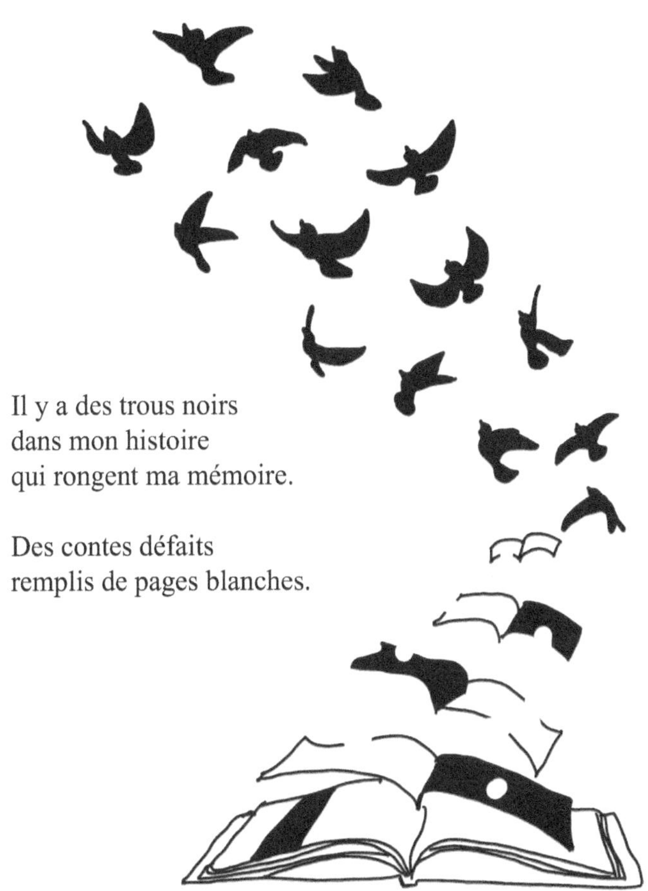

Il y a des trous noirs
dans mon histoire
qui rongent ma mémoire.

Des contes défaits
remplis de pages blanches.

Combien d'entre nous se sont retrouvées
sur un terrain vague ou dans une allée,
plaquées sur la banquette
d'une camionnette
ou la froideur mordante des pavés ?

Trop.

Combien d'entre nous ont perdu le sens du
mot liberté ? Se drapent dans la honte
pour habiller leur corps, ploient l'échine,
craintives de susciter
ce dont elles n'ont pas la responsabilité ?

Trop.

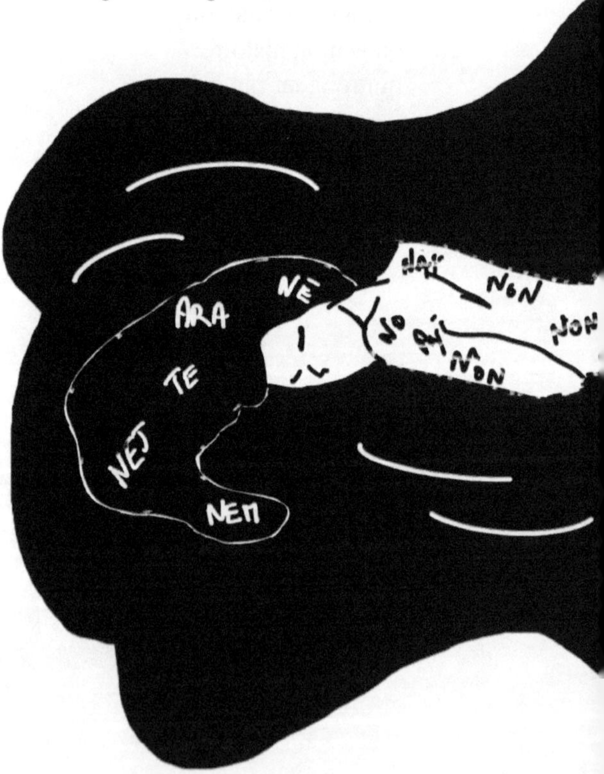

Combien d'enfances broyées,
d'adolescences excisées, de vies immolées
pour satisfaire un désir éphémère ?
Plaisir de l'instant qui détruit et qui
gangrène éternellement leurs chairs ?

Trop.

Combien en faudra-t-il encore pour que
cela s'arrête ?

Encore trop.

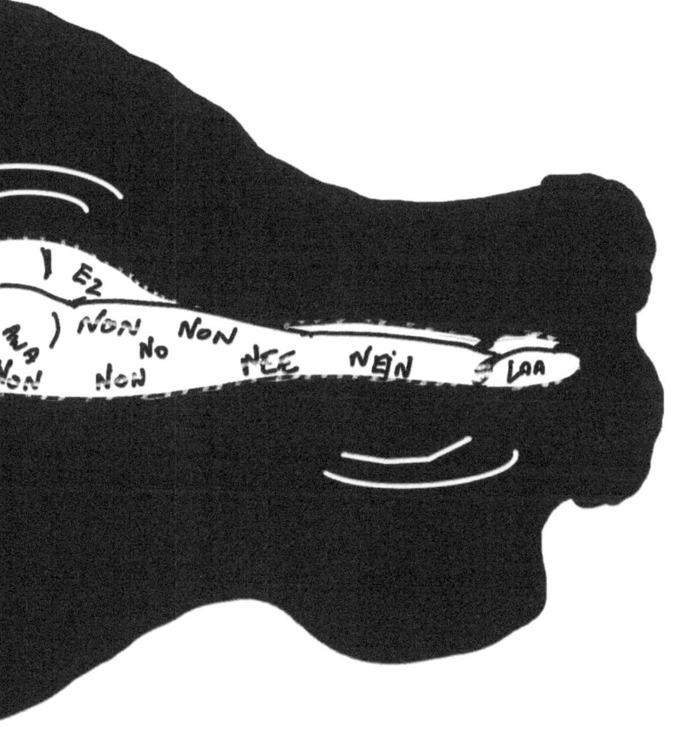

J'étais condamnée avant même d'essayer.

C'était écrit sur mon front.
Tatoué dans mes yeux
même si je ne le voulais pas,
même si je ne le savais pas.

C'était criant, enivrant et attirant.
Ce besoin d'être aimée, cette peur
de ne jamais être assez.

Je me pensais mystérieuse, sereine,
car sur la réserve.
Mais je m'offrais sans le chercher,
sans même l'avoir désirer.
Parce que mon corps entier criait ce que mon cœur
ne pouvait plus supporter, endurer.

Proie facile, fruit à maturité,
il suffisait de me cueillir.

Alors, sans même se faire prier,
les loups sauvages, assoiffés
par les effluves de mon manque d'amour
sont venus me chercher.

Ils m'ont d'abord sentie, reniflée.
Ils se sont assurés que j'étais prête
à être consommée.
Ils ont salivé, rassurés : j'avais creusé mon propre
tombeau, écrasée par l'absence de ma conscience.

Et finalement, de moi, ils n'ont fait qu'une bouchée.

Porter le manteau de l'imposture et cacher les maux
derrière un sourire de connivence.
Parce que parler donnerait vie à l'évidence.

Se lover dans l'indifférence
et survivre
par procuration à nos aspirations,
par opposition à leurs déceptions,
pour la miséricordieuse délivrance
que confèrent les apparences,
au sacrifice dommageable
de notre sublime
quintessence.

Se lover dans l'indifférence
pour éviter les questions,
pour se soustraire aux qu'en-dira-t-on,
par mépris de la simplicité de ce que l'on naît,
par déni de l'effrayante insuffisance
de ce que l'on est,
au profit de l'ineffable surréalisme que l'on désire.

J'ai su me taire avant de savoir parler.

Rester discrète, faire bien plus
que de raser les murs, s'y cacher.
Conserver mes maux dans un coffre au plus profond
de mon corps, dans les tréfonds de mon cœur
et oublier tout ce qui a pu arriver.

J'ai su me taire avant de savoir parler.

Parce que c'était le seul moyen de vivre dans une
réalité où la violence des hommes m'avait épargnée.

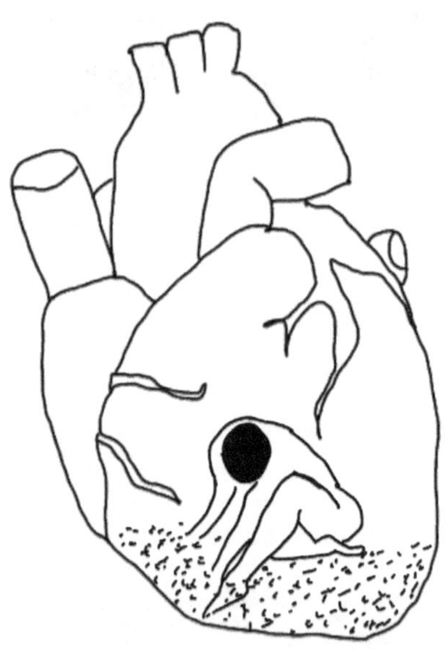

Je n'ai pas tout de suite su
qu'il ne fallait pas.

Je n'ai pas tout de suite su
que cet amour-là,
ne se faisait pas

J'ai des tas de boulets de mots
qui feront exploser vos cœurs.

Comme vos canons lubriques
ont fait exploser mon corps.

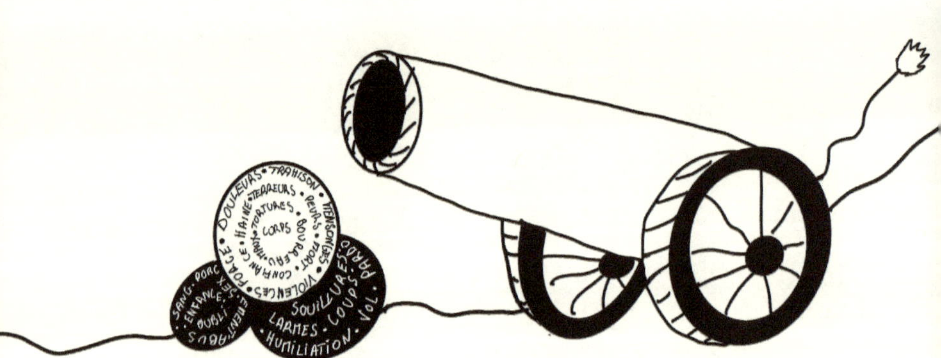

Tous, devant moi, oui, à tous, je dis «Coupables!»
Trahisons et mensonges, c'est bien de cela que je
vous blâme. Ne cherchez pas parmi l'assistance un
complice magnanime. Il ne parviendra pas
à m'empêcher de révéler vos crimes.

Qui souhaite donc être le premier à monter sur
l'échafaud?
Ah! Toi mon «bon» professeur, tu seras le premier
numéro! Prétendant enseigner son savoir, prétendant
me porter assistance, tu as trouvé mes faiblesses et
trahi ma confiance.

Comme toutes les autres, j'ai cherché ta satisfaction,
à rendre justice à ton enseignement, en réussissant
mes interrogations. Mais visiblement, c'était loin
d'être assez, car c'était mon corps qui était l'objet de
tes pensées. Mais tu ne veux pas m'entendre derrière
tes sanglots, tes larmes. Pathétique défense que de
voir en elles, de possibles armes.

Agenouille-toi, baisse la tête, va donc au diable!
J'entends la foule, meurtrie, te déclarer :
«Coupable!»

À toi, maintenant, membre éloigné, sang de mon
presque sang, qui m'inspirait et que j'admirais, du
haut de mes quelques printemps.

Tu as prétendu m'épauler, me guider, m'éveiller au
monde, m'inculquant tes règles, valeurs et autres
pensées immondes. Puis quand tu t'es assuré que je
t'étais dévouée, c'est aussi avec bienveillance que tu
as voulu me posséder. Plus d'oreilles à l'écoute, de
conseils ou d'aide à mon égard, la seule chose qui
t'importait était de planter ton dard.

Mais tu ne peux me voir, derrière tes yeux clos,
puisque mes blessures te montreraient la noirceur de
ton âme, salop !

Agenouille-toi, baisse la tête, va donc au diable !
Car j'entends la foule, offusquée, te déclarer :
« Coupable ! »

Continuons avec toi, mon amour aux deux personna-
lités. Tu m'as fait ployer, écarter les jambes et ouvrir
le cœur, me promettant à chaque coup de reins que
tu serais meilleur. Disais-tu les mêmes conneries à
chaque femme partageant ton lit ?

Car non, mon corps ne te suffisait pas, il fallait que
tu aies tes soumises, en bon gourou et manipulateur
que tu es, de ton charisme, nous étions éprises. De
toutes, j'étais de loin ta préférée, puisque j'étais la
seule à toujours te pardonner. Mais alors, de quoi
suis-je vraiment responsable ?
Serait-ce, simplement, de t'avoir aimé ?

Et tu affrontes ma haine, toujours aussi fier avec tes
grands airs, convaincu d'avoir agi au mieux, sois sûr
que tu iras tout de même en enfer.

Agenouille-toi, baisse la tête, va donc au diable !
Car j'entends la foule, enragée, te déclarer :
« Coupable ! »

La liste continue et s'allonge.
Les expériences se multiplient et parfois se
confondent. Et l'Espoir, petit à petit, se meurt
de me voir aimée à contrecœur.

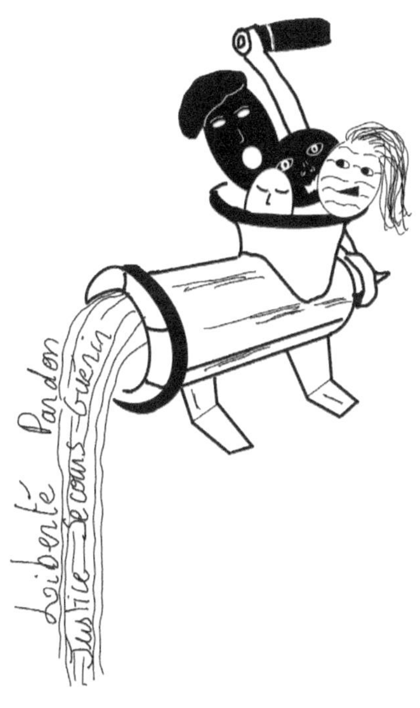

On ne sait pas nommer ces choses-là,
quand on est enfant.

Comment aurais-je pu comprendre que l'amour savait, aussi,
s'habiller des couleurs de l'arc-en-ciel ?
Qu'il pouvait se faire intransigeant, discriminant,
tangible et à la fois irréel ?

Comment aurais-je pu appréhender sa force fragile,
sa complexité naturelle alors que les adultes de mon monde
ne savaient pas non plus comment le vivre et l'apprécier ?

Comment aurais-je pu le trouver sur une terre nouvelle,
alors que ma vie était ailleurs, sur une terre mère, dont
j'avais été arrachée ?

Comment aurais-je pu le reconnaître alors que tout
autour de moi criait la haine, la peur de ma différence,
la violence de ma non-appartenance ?

Comment aurais-je su le faire naître alors
qu'il m'était interdit d'être moi-même ?
Comment aurais-je pu le donner
puisque je n'avais pas encore appris à le recevoir

et encore moins à m'aimer ?

tu es l'apocalypse
à laquelle on ne peut échapper

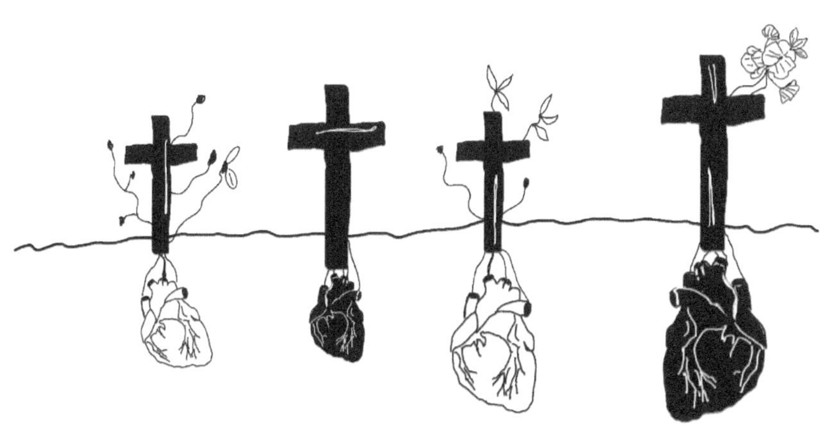

Les hommes sont nés pour détruire.

Certains d'entre eux choisissent de pourfendre les
cœurs, à défaut de pouvoir soigner le leur. Ils préfèrent
oublier le vide de leur âme en suçant l'essence de celles
des femmes.

Loin d'avoir le courage d'affronter leurs contradictions,
ils s'aventurent dans des histoires en espérant y trouver
la solution.

Ils prennent, parviennent à se mentir, se convaincre
qu'ils aiment. Et ensuite, ils jettent. Se confondent en
excuses : «Ce n'est pas toi, c'est moi. Tu es parfaite,
surtout ne l'oublie pas. Je n'arrive pas à savoir ce qui
cloche chez moi, pardon, mais ne m'en veux pas. Je
préfère partir, plutôt que de te détruire.»

Comment leur dire qu'il est déjà trop tard ? Que le mal
est fait, que nos corps le garderont en mémoire ?
Que les traumatismes s'accumulent et que nos cœurs,
chacune de nos cellules, crient à l'injustice,
à la perfidie, aux mensonges, aux calomnies ?

tu sais
si j'avais voulu qu'on me raconte des histoires
je serais allée dans une bibliothèque

il n'aime pas ce qu'il voit dans le miroir
les marques des barrages qui ont sauté
les traces de sa volonté refoulée

il n'aime pas ce qu'il voit dans le miroir
la rage dans l'abîme de ses yeux tristes
la peur d'avoir outrepassé ses limites

il n'aime pas ce qu'il voit dans le miroir
le sang séché sur ses lèvres avides
les vestiges d'une nuit qu'il pensait torride

il n'aime pas ce qu'il voit dans le miroir
la déchirante vérité d'être de ces hommes qui
aveuglés de désir, de puissance
dominent, prennent et délaissent
faisant toujours fi des conséquences

elle n'aime pas ce qu'elle voit
derrière l'homme dans le miroir
le souvenir de toutes les fois où,
abattue, battue parce que s'étant tue,
elle s'était dit, déjà vaincue,
qu'elle sortirait de cette prison
aux reflets d'argent

J'ai cherché,
dans les cendres de mon corps calciné par tes baisers,
un semblant de fierté, celle qui avant
m'habitait.

J'ai cherché,
dans les briques de mon corps recroquevillé
la force de vivre qui avant toi me consumait.

J'ai cherché,
dans les souvenirs de ma mémoire aveugle,
la douce chimère du bonheur que d'être entière.

Je n'ai rien trouvé,
mis à part les marques de tes mots sur mes reins.

Je n'ai rien trouvé
mis à part la triste réalité,
celle d'un amour
dans lequel je me suis délitée.

Mahuna Vigam

j'aimerais être la nuit
qui éteint les poings étoilés
des hommes
perdus dans leurs tempêtes

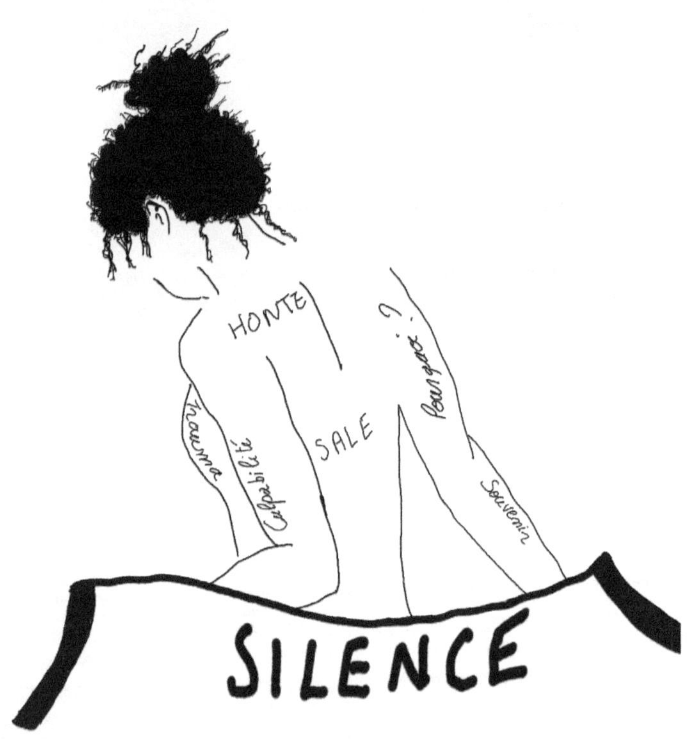

On juge les femmes qui restent,
les enfants qui se taisent.
On ne comprend pas pourquoi le silence leur semble
plus rassurant que la justice pour les crimes dont ils
ont été victimes.

On ne sait pas que le réel bourreau, celui qu'il faut
d'abord affronter, est la personne en face de nous
qu'on essaie d'oublier.

Et même lorsque le silence se déchire pour dénoncer,
il faut apprendre à vivre avec nos démons
qui continuent de se repaître de notre culpabilité.

Mais
parvenir à se sauver c'est avant tout,
briser le silence,
accepter de s'aimer.

harmonie des peaux
chant des corps
ma mélodie donnait le *la*
à la tienne

bémol
il n'y avait que dans les silences de nos passions
que ma dissonance était tolérée

les rondes enivrantes de mon corps
n'éclipsaient pas le noir de ma peau
rendant impossible
l'accord parfait de nos échos

— C'est marrant, j'ai toujours rêvé de
sortir avec une Noire !
— Ah bon ? C'est bête, je n'ai jamais rêvé
de sortir avec un con.

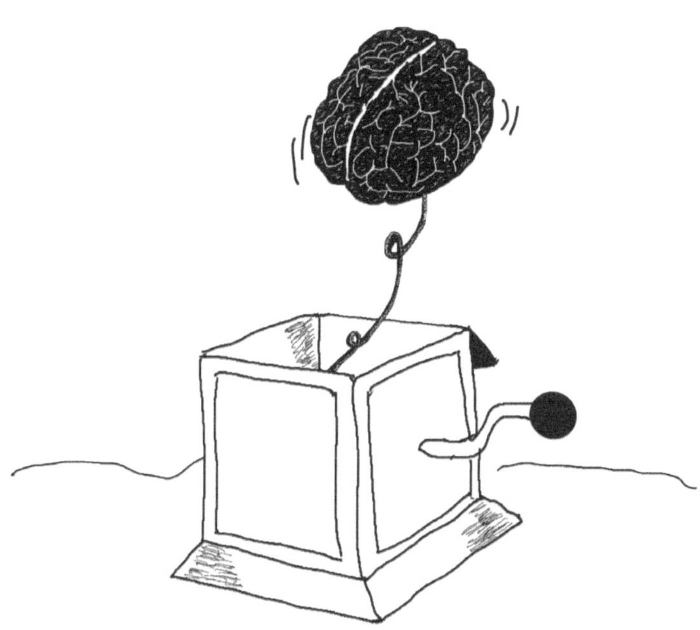

«Tu sais, tu serais bien plus jolie si tu mettais des talons
aiguilles. En plus tu es petite, ce serait parfait!»

«J'aime tellement tes fesses, elles chantent l'exotisme. Et si
tu t'habillais avec plus de vêtements moulants?»

«Je crois que je te préfère sans tes cheveux naturels. Et si tu
portais une perruque?»

«Ta peau est tellement douce, et si tu bronzais plus pour lui
donner une couleur plus foncée?»

«Tu as de la chance, tes traits sont plus fins que la
plupart des filles noires que je me suis faites. Et si tu…»

Avec des si,
on transformerait tous les fantasmes corporels
en réalité universelle.

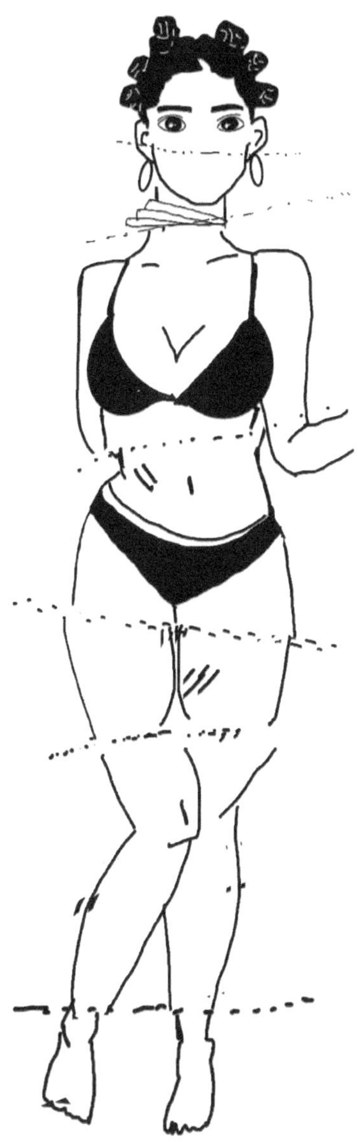

il y a des silences qui sont plus violents
que des poings
il y a des mots qui sont plus assassins
que des coups de reins

le corps n'a pas l'apanage des souillures
et des blessures
parfois, l'âme et l'ego
sont bien plus
rancuniers
qu'un corps brisé

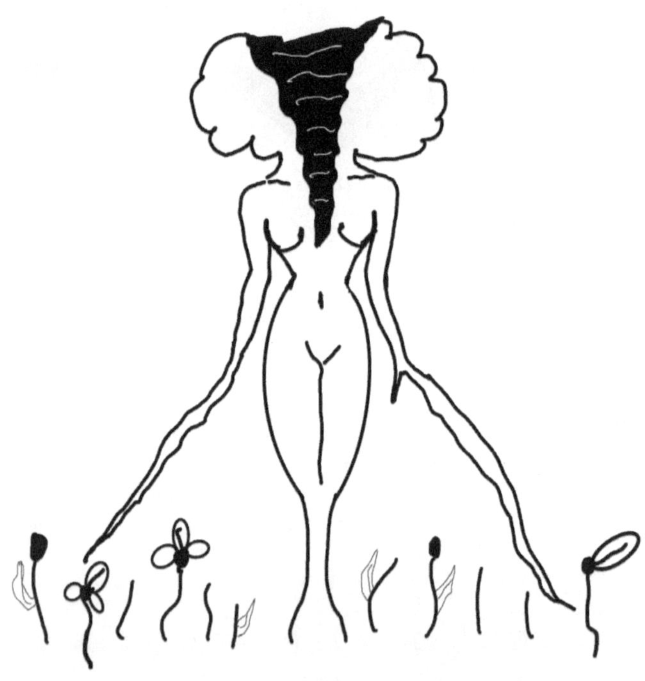

J'aurais préféré que tu te taises.
Que tu laisses suspendus dans les nuances du silence, les
mots qui allaient m'abattre. Comme une balle se faufile
entre les chairs d'un corps, exposé, à découvert.

J'aurais préféré appuyer sur pause, figer le temps.
L'amertume de mes larmes effaçant les couleurs de ce vieux
film que je ne cesse de me repasser.

J'aurais préféré t'oublier avant l'heure.
Bien que, malmené et frustré, mon cœur s'accroche
aveuglément à l'abîme sournois qui fait déjà écho
au manque de tes lèvres sur ma peau.

J'aurais préféré que nos deux réalités ne s'accordent jamais.
Dans un monde parallèle, je continue de t'aimer et toi…
d'essayer de croire à cette histoire qui n'aurait jamais dû
commencer.

je pars…
        j'emporte avec moi
                les rires qui te faisaient craqueler
les regards qui te faisaient tournoyer
        les gestes qui te laissaient assoiffé
                les soupirs qui te faisaient décoller

je te laisse le silence hurlant mon absence,
        écho aussi vide que mon cœur en convalescence
j'ai adoré te détester, je ne t'en veux pas
        comment aurais-tu su aimer
                ce qui était différent de toi ?

je pars…
        j'emporte avec moi
                le parfum de mon âme au réveil
                le mariage du clair-obscur
                        à ma peau nuit azur

la soie de mes lèvres froissées,
        tendrement colorées
                le réconfort solide
                        de mes caresses habiles

la chaleur onctueuse
        de ma voix duveteuse
                le déhanché certain
                        de la courbe de mes reins

je pars...
      j'emporte avec moi
            le gouffre infini de mes jambes
      quand je me languis

l'éclair taquin
      de mes yeux câlins

cette tempête onctueuse
      quand je suis amoureuse…

l'ivresse de cette aventure épique
      promesse d'un amour…
          d'un amour…

je ne sais plus
le manque de nous
perturbe mes pensées éparpillées

                  je pars…
                  alors que j'avais à peine
                  commencé à t'aimer

déraison

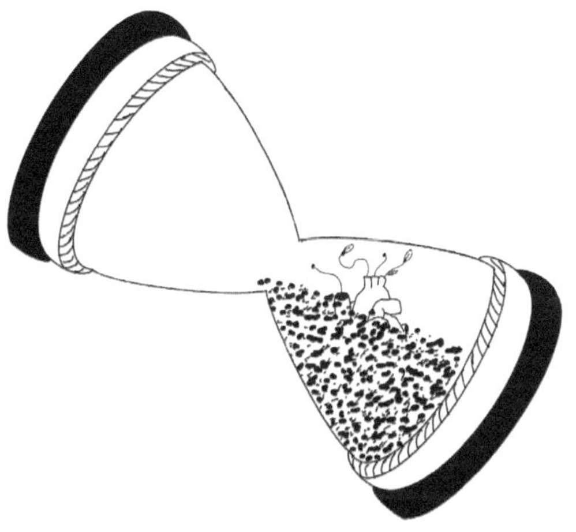

Être en désaccord avec soi-même,
avoir perdu la route des « je t'aime ».
Regarder le monde avec des yeux à l'envers...
Ne plus savoir prendre sa place, préférer se taire.
Constater un décalage,
la disparition possible de son entourage.

Se demander si l'illusion s'est doucement installée
ou si cela avait toujours été la réalité.
Rejeter la faute sur les autres, plutôt que d'affronter
son marais nauséabond.
Repousser les autres, plutôt que de suporter
de toucher le fond.

Faire l'autruche et se convaincre d'avoir raison,
oublier qu'au final, ces autres ne sont que le reflet
de ce qui, en nous, nous déplaît.

Et puis merde... en fait...
En fait... accepter une fois pour toutes
de tout lâcher, de se contenter d'exister,
de laisser au monde ce qui ne nous appartient pas.
Tout comme ceux et celles qui ne nous correspondent pas.
Et avoir le courage, d'habiter et d'incarner pleinement
l'Être qui en nous, patiemment, sempiternellement... attend.

J'aime.

Je suis celle qu'on ignore, qu'on se refuse à désirer.
Je suis celle qu'on ne présente à personne de peur que, dans
un autre, elle ne s'abandonne.
Je suis celle qui piétine leur virilité, celle pour qui ils
tomberaient volontiers.
Je suis celle vers qui on revient toujours
prenez garde à ne pas me confondre avec l'amour.

Je suis celle qui les comprend le mieux, car je n'attends pas
d'eux qu'ils me rendent heureuse.
Je suis celle qu'on décrie, qu'on répugne, celle qui fait
chanter le cœur des hommes et pleurer celui des femmes.
Je suis celle unique et multiple à la fois, raison pour laquelle,
l'histoire n'est jamais la même lorsqu'on se noie dans mes
bras.

Mais j'aime.

J'aime à en oublier de respirer.
J'aime à les regarder brailler et y prendre du plaisir, car c'est
vers moi qu'ils se tournent, pour être consolés.

J'aime à confondre la passion avec la déraison.
J'aime à crever sous la chaleur de leurs humeurs ou de leurs
ardeurs.
J'aime à détruire leur monde, y entrer en trombe,
constater les dégâts et disparaître encore une fois.

J'aime à perdre le goût de mes addictions au profit de celui
de leur être en pleine éclosion.

J'aime à briser les règles, le jeu de l'amour n'a d'intérêt que
si l'on s'y soustrait.
Dieu que j'aime…

Mais ma singularité, source de mon attractivité est telle, que
ces hommes, si commun, si enclin à suivre des idéaux
anciens, ne se résoudront jamais à prendre le risque
de m'aimer.

À embrasser ce qu'ils s'évertuent à renier : cette part
d'obscurité, miroir parfait de mon être de lumière, de la
preuve de mon humanité. Et de leur place en enfer,
à mes côtés.

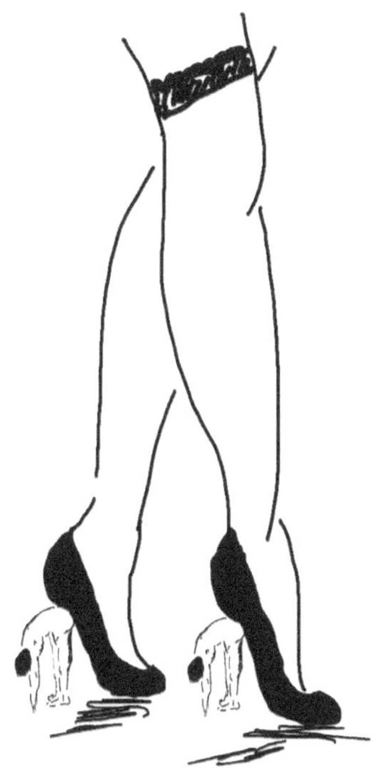

Je veux être cet océan
dans lequel tu meurs d'envie de te noyer.
Et que les courbes de mon corps
s'échouent sur ton rivage encore et encore.

tournesol asséché,
je tourne au soleil de tes baisers

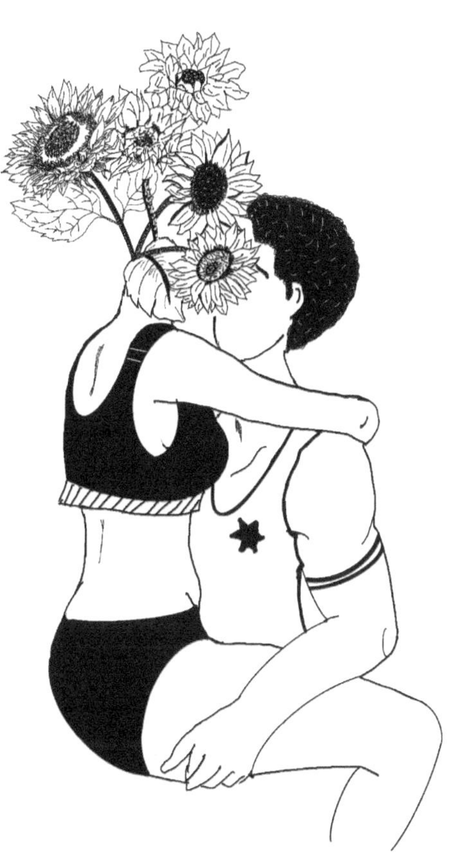

pactiser avec le diable
en toute conscience
avec plaisir et connivence
au risque de se blesser, de se briser
quitte à se perdre dans une nouvelle identité

se lover dans ses plis
l'accueillir dans le lit de ses envies
et s'enivrer avec lui du plaisir d'aimer et d'oublier
ne serait-ce qu'une seconde
la difficulté d'être immaculée…

et demain…
revêtir le masque de bienséance
de nouveau sur son dos
et dire merci, bien sûr avec le sourire
à celui qui nous brise nuit après nuit

chaleur nocturne
sous un porche caché
discrets baisers glacés

orage d'été
je m'y hasarde à aimer…
tes yeux embrumés

la marée de ton corps
rafraîchit la canicule de mon âme
la rosée de tes lèvres
adoucit la tempête de mon être

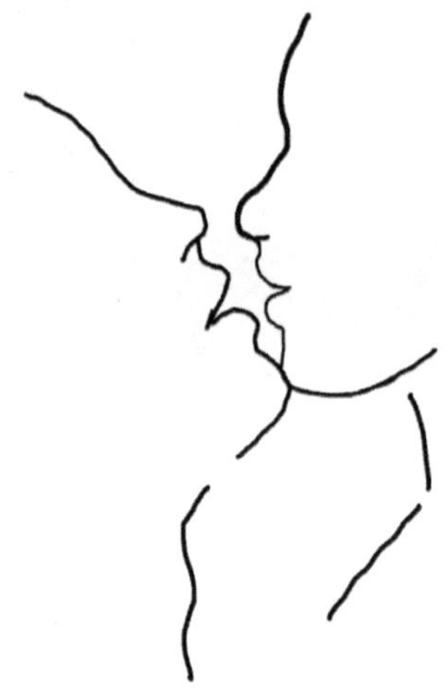

se mentir

parce qu'aujourd'hui est plus facile qu'hier

parce qu'aujourd'hui, est un peu plus simple que demain

parce qu'aujourd'hui, tout le monde y gagne

parce qu'aujourd'hui, c'est la seule réalité acceptable

parce qu'aujourd'hui, l'enfer est déjà là, en soi,
insurmontable

parce qu'il y aura toujours une bonne raison

puisque tôt… ou tard, arrêter de se mentir

sera plus commode que continuer à se trahir

alors, juste aujourd'hui,

ne pas se refuser ce plaisir

Je n'aime pas ce que je lis dans tes yeux.
Je n'aime pas l'image de moi qu'ils me renvoient.
Je n'aime pas être cette moitié de femme
dont le corps ne lui appartient pas.

Car c'est bien mon corps qui dicte sa loi et se pâme
devant toi. C'est bien ma chair qui me trahit et se soumet à
tes désirs, à tes caprices. C'est bien mon âme qui murmure
oui, quand ce qu'il me reste d'estime s'étouffe
devant tant d'esbroufe.

Je ne peux lui en vouloir.

Qui refuserait d'être asservi aux mille plaisirs de tes doigts
sur soi ? Qui donc se soustrairait à la douce volupté de tes
lèvres sur son intimité ? Qui aurait la force, le courage,
l'abnégation, et commettrait l'outrage de te repousser,
de te dire non ?

C'est un feu glacé que tu allumes de tes baisers.
C'est une source acide que tu fais jaillir de tes mouvements
saccadés. Si bien placés. Non, je n'aime pas ce que tu fais de
moi chaque fois que l'on se voit.

Tu me rends infidèle à moi-même.

Et je n'ose pas partir.
J'ai beau ne pas être comblée,
être assoiffée de tes gestes, de tes baisers.

J'ai peur de m'en aller.

J'ai droit au jeudi, les jours de pluie.
Ceux durant lesquels tu t'ennuies.
Ces jours qui s'étirent à l'infini,
quand je t'attends, me languis.

Je suis ton premier amour.

Celui qu'on n'oublie pas.
Celui qui s'agrippe à chaque paroi du cœur
et qui y a planté les premiers germes du bonheur.

Je suis ta première fois.
Celle qui fait battre le corps au rythme des pulsations
de nos va-et-vient.
Celle qui remplit ton cœur de moi et de rien.

Que mes sœurs de cœur me pardonnent.
Que celles qui ont partagé et partageront ta vie,
quand toi, tu ne daignes même pas
m'honorer de ta présence la nuit,
m'acquittent au tribunal des briseuses de ménages.
Qu'on me prenne en pitié de ne pas avoir fui quand, devant
moi, le diable en toi s'est incarné.

Car en vérité, si l'on parle de sexe faible en nous désignant,
c'est à cause de femmes comme celle que je deviens, quand
tu fais de moi tout ce que je ne veux pas.

Tout ce que je hais, méprise et dont je me détourne :
la volupté, la luxure, la complaisance dans
la non-abondance, le regret, l'attente lancinante
l'absence de volonté par nécessité d'être aimée.

Non, décidément, je n'aime pas ce que je lis dans tes yeux.
Je déteste l'image de moi qu'ils me renvoient.

Cette femme-là ne mérite pas d'être moi.

– quand je me trouve des excuses

J'ai mal de t'aimer, de t'espérer.
D'attendre qu'un jour tu me reviennes et me retiennes.
J'ai mal de ton absence, de ces meurtrissures au creux de
mon ventre.

J'ai mal de ces à-coups, des élans d'un cœur qui s'ignore
et meurt d'un manque d'amour.
J'ai mal de me battre contre moi-même, de nier
que tu me tiens entre tes mains.

Je sais bien que je n'aurais plus jamais ma chance,
qu'il en viendra toujours une autre qui aura ta préférence.
Tu dis que tu m'aimes, que tu ne peux vivre sans moi.
Qu'à cela ne tienne, quitte-là et fais donc un choix !

Je vis pour un sourire, pour un regard
pour un geste qui apaisera cette flamme qui me consume.
Je vis pour une étreinte, pour un baiser
pour un rien qui pourrait justifier cet amour démesuré.

Je tourne en rond, en cage, emprisonnée dans les échos de
tes « je t'aime ».
Je perds la tête et, de rage, me fais la promesse
que demain je ne serai plus la même.

Je rabâche encore et encore les souvenirs de nos passions.
Je repasse en boucle le film de mes désillusions,
sans couleur et sans son. Je crains et aspire en même temps à
ma rédemption.
J'ai bien conscience que m'arracher le cœur n'est pas la
solution.

Mais que me reste-t-il si tu te détournes de moi, si tu me
laisses seule entre mes murs ?
Que me reste-t-il si ce n'est le froid mordant qui s'invite
dans chacune de mes blessures ?

– quand j'attends qu'il la quitte

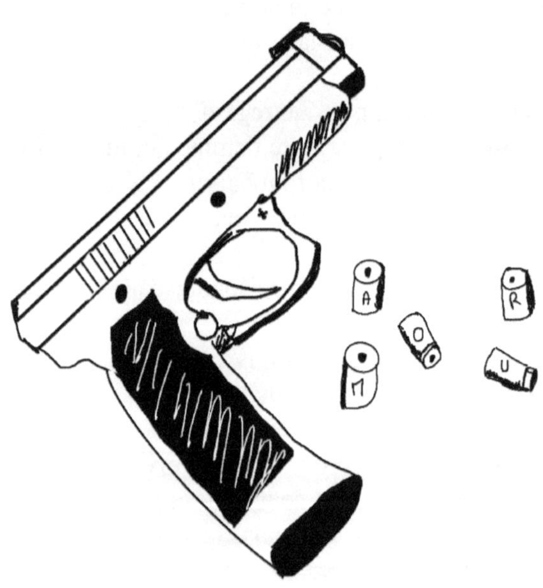

Je voudrais que tu me parles comme tu me fais l'amour.
Dans une langue où la forme importe plus que le sens.
Une langue que seules nos âmes semblent comprendre.

Oui, j'aime quand tu me parles d'amour.
Dans ta voix, cela sonnerait presque avec toujours.

Si seulement tes yeux ne me hurlaient pas
que tu désireras toujours une autre plus que moi.
Si seulement ton corps ne trahissait pas ses élans d'âme
pour l'écrin charnel d'une autre femme.

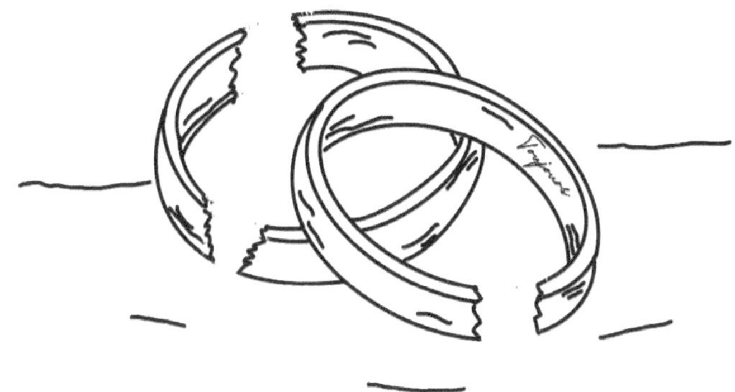

Mahuna Vigam

ivresse de nos corps enlacés
comme un air de déjà bu

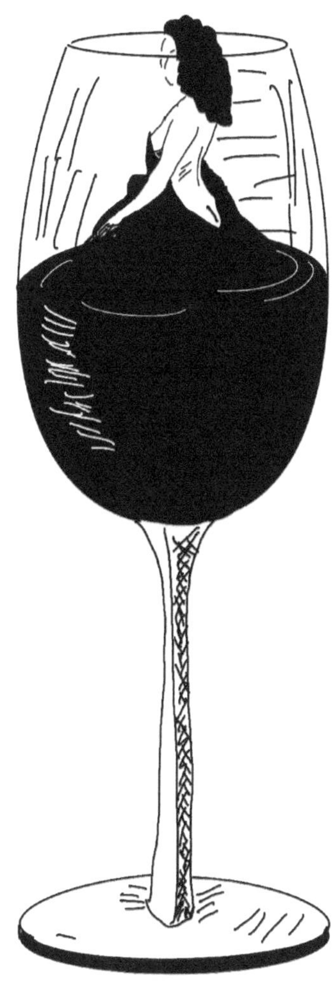

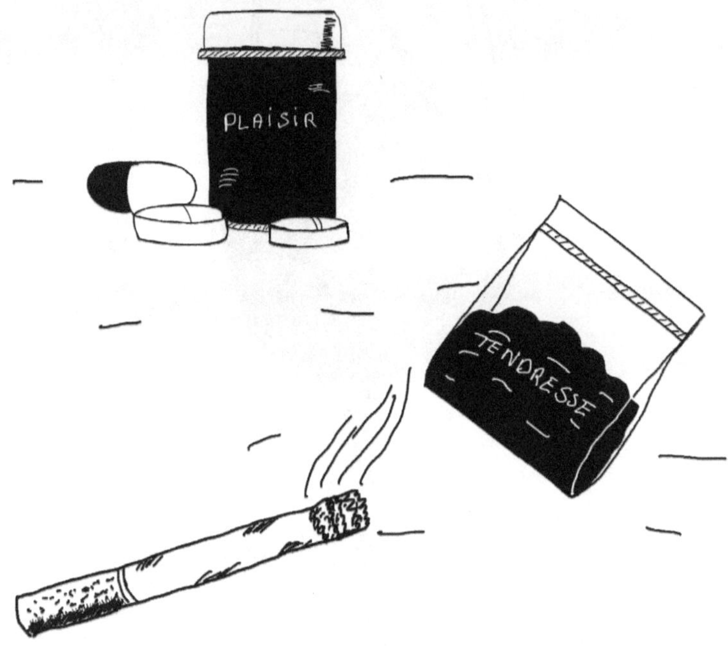
PLAISIR
TENDRESSE

J'envie les personnes qui tombent
facilement amoureuses.

Visiblement, elles peuvent s'enivrer
sans risques, s'épargner la gueule de bois,
supporter d'être malades, tristes.

Dopées par l'ivresse rassurante de chaque
nouvelle romance.

avoir confiance
en sa mauvaise étoile
qui se charge d'attirer les pièges de la vie

en sa malchance
qui traque les bourrasques et tempêtes
que rien n'arrête

en sa tristesse
qui fait un nid pour y recueillir les torrents
que nos yeux sont fatigués de contenir

en sa douleur
pour mettre en jachère notre corps
en attendant des heures plus glorieuses

en ce qu'on ne voit pas
ne sent pas, n'entend pas, n'attend pas

car l'essentiel est invisible aux maux de l'âme
mais pas aux espoirs du cœur

Passent, passent les saisons
Les cœurs s'envolent, les amours se font.

Nos voyages charnels ont commencé l'été dernier.
Bercée par ta houle, je t'ai aimé avec excès, avec passion.

Puis les feuilles se sont colorées, notre engouement s'est
cristallisé et, dans mon esprit, l'espérance d'un avenir
s'est forgée.

Pourtant, à l'approche du temps des frissons, je t'ai senti
distant, pris au piège, en quête d'évasion.

Mais quand les bourgeons ont fait leur retour, et qu'en
partant tu as arraché les racines de notre amour,
j'ai su que tout était perdu, pour toujours.

Passent, passent les saisons
Les âmes se perdent, les liens se défont.

Que reste-t-il quand l'amour s'en va ?
Lorsque le cœur ne bat plus au son d'une voix ?
Que reste-t-il quand deux âmes unies
reprennent séparément le cours de leur vie ?

Dis-moi…

Que reste-t-il quand le futur à bâtir
devient le passé
empli de nos souvenirs ?
Le temps s'est écoulé, le torrent du désir
s'est sournoisement transformé en goutte-à-goutte
de l'ennui, et sans l'avoir remarqué,
j'ai oublié comment t'aimer.

La passion de nos nuits n'a plus la saveur de l'interdit.
La certitude d'un monde à construire à deux,
ne me rend plus aussi heureux.
Je me détourne de toi, comme on s'écarte du feu qui nous
consume…
Je te regarde faire tes valises, et déjà, s'éteint l'incendie.
Il ne reste plus que les cendres amères
du goût de t'avoir eue dans ma vie.

Je sais que tu pinces tes lèvres poudrées, ces pétales flétris
des « je t'aime » que j'y ai laissés dessécher.
Et j'attends, n'ose pas dire ce que nous redoutons déjà.
Et tu te retiens, tu te retiens une dernière fois
de prendre ma main.

Et nos yeux, craintifs de trahir les spasmes de nos cœurs
brisés de souffrance
préfèrent oublier, se détourner, aveuglés par cette criante
vérité.

J'ai cru que tu étais ma moitié, ma destinée, celle pour qui
la vie m'avait préparé.
De toutes mes histoires terminées, tu sais,
tu es celle que j'aurais aimé recommencer.

Oui, mon amour, je le sens, tu le sais, les fleurs ont germé,
se sont fanées, la graine que tu avais plantée s'est déracinée.
Car dans cette course à l'amour effréné, à y mettre
tellement, tellement d'intensité, nous n'avons laissé
aucune chance à l'éternité de nous rattraper.

– ce que j'aurai voulu qu'il me dise,
le jour où j'ai fait mes valises

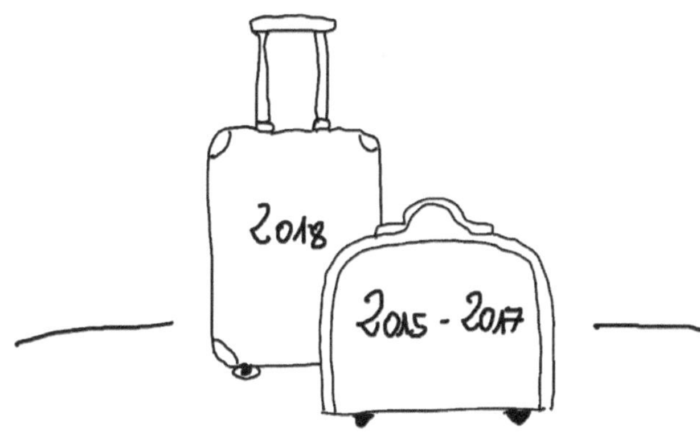

noyée
de tant de ricochets
sourds à ton cœur de pierre

je coule comme un radar en eaux profondes
mon cœur asphyxié, envoie des ondes
attendant que quelqu'un lui réponde

On ne mesure pas la profondeur du fossé.
Qui pourrait réellement décrire ce qu'il se passe après ?
Prendre en pitié les morceaux éclatés au sol qu'il nous faut
débusquer, rassembler, au risque de se couper.

Ces morceaux fissurés dans lesquels s'engouffre le parfum
des souvenirs. Évaluer les torrents acides qui nous
submergent en raz-de-marée.

Ceux qui… nous étouffent, nous consument.
Happant goulûment le peu d'air qu'il nous reste pour
avancer. Que pouvons-nous faire d'autre ?

Continuer.
Se lever et regarder le monde danser.
Trouver de l'intérêt aux couleurs qui nous rendent aveugles.

Sourds.

À toute nouvelle forme d'amour.
Pourquoi s'y replonger, se maintenir dans une existence dans
laquelle nous ne sommes plus que l'ombre de nous-mêmes ?

Non, on ne parle jamais de la fièvre
qui foudroie et noie.
Des murs que l'on rase pour se faire prisonnière
d'instants aux goûts amers.

Figée dans le passé.
Là où le cœur continue de croire qu'il pouvait y avoir,
une fin différente pour cette histoire.

La schizophrénie n'est pas l'apanage du cerveau.
Le cœur, se jurant qu'on ne l'y reprendra plus,
se promet de ne jamais recommencer,
tout en mourant d'envie d'à nouveau aimer.

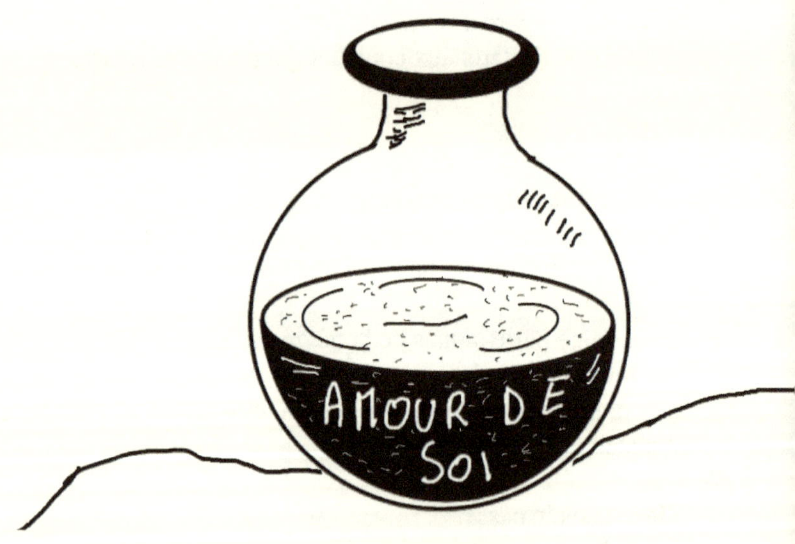

Je trouve des excuses aux hommes qui me blessent,
me brisent, me molestent. Je passe de corps en cœurs,
en espérant rompre ce cycle sempiternel.

Alors qu'en réalité, pour que tout cela s'arrête,
afin que tout puisse changer, il suffirait qu'enfin…
j'accepte… de me pardonner et de m'aimer.

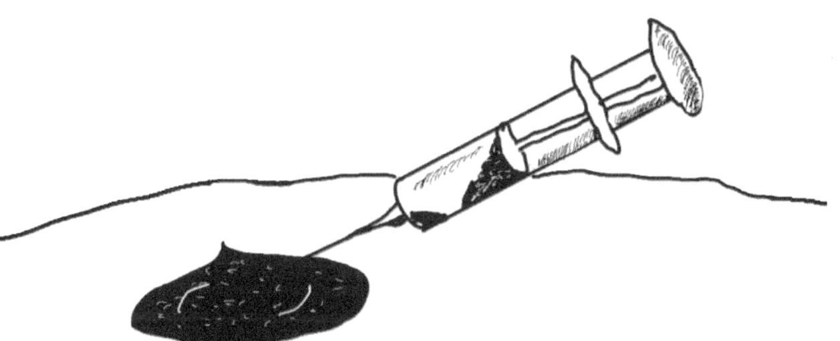

Rencontrer son regard, empli de désespoir.
Le voir s'effondrer, devant tant d'amour
qu'il n'a pas su chérir.

Entendre les éclairs au loin, la pluie s'abattre,
les fleurs de l'espoir flétrir.
Et sourire, naïvement, à défaut de pleurer, on préfère en rire
d'avoir nourri un rêve malmené,
tentant sans cesse de surclasser la réalité.

Ne pas lui en vouloir, ne pas le maudire,
malgré le vide criant, avide du délice de nous sentir glisser.
Trouver la force de dire merci,
au-delà du dernier « je t'aime » échangé.

– le jour où il a failli revenir

Je crois que…
Les cœurs brisés ne se réparent jamais.
Ils apprennent à se lier au travers de leurs fissures.
Ils adoptent un autre angle de vue.
Ils parviennent à coller leurs poussières éclatées
avec la soif d'aller à nouveau se heurter
à la grande aventure qu'est le fait d'aimer.

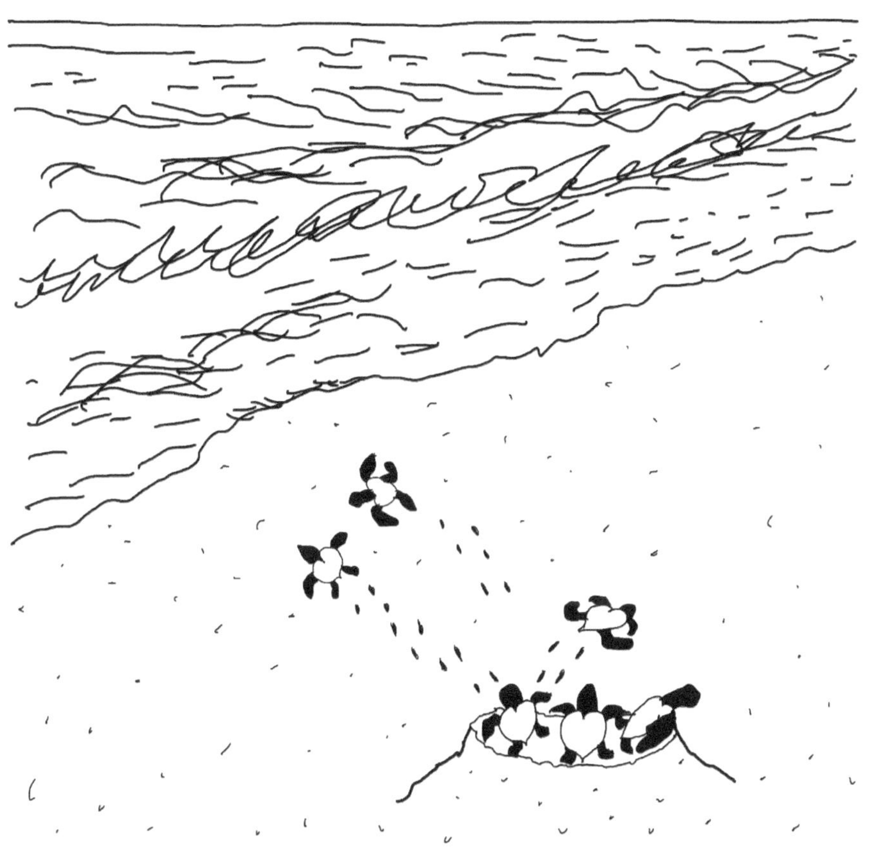

Tiens, prends mes yeux.
Les beautés du monde n'ont plus d'intérêt,
ne me font plus d'effet.

Tiens, prends mes mains.
Qu'importe le plaisir de toucher
si je n'ai plus celui de t'enlacer ?

Tiens, prends mon sourire.
Après tout, il n'y a que toi
qui parvenais à me faire rire.

Tiens, prends ma peau.
Elle gèle du manque de ta présence
et se délite en conséquence.

Tiens, prends ma chair.
Quel intérêt ? Elle n'accueillera plus
la douce chaleur de ton essence.

Tu peux tout prendre.
Sauf mon cœur, je le garde pour moi.
Laisse-moi le cacher, y mettre un cadenas,
le verrouiller.

Laisse-moi au moins conserver en mémoire,
le doux souvenir de notre histoire.

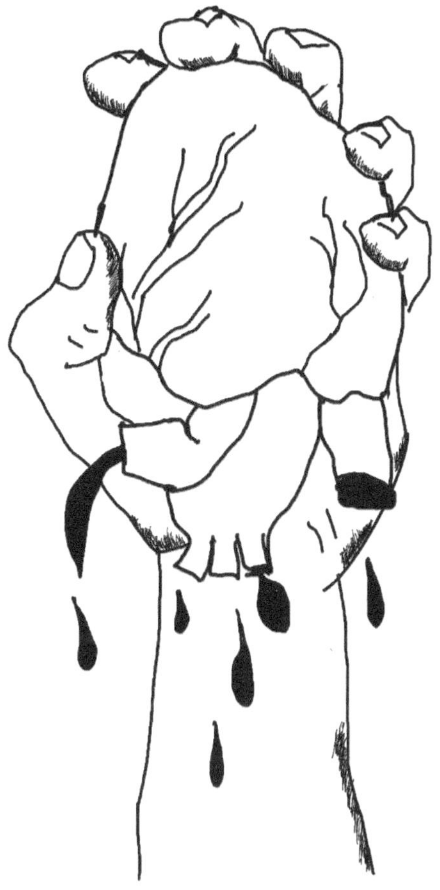

Mahuna Vigam

caresse du vent
les feuilles rougissent
d'avoir brûlé
sous le désir de l'été

et toujours desséchée,
je boirai à leur source,
mais resterai cette terre stérile,
qui ne fleurira plus jamais,
brûlée par l'ivresse de ton amour trop volatil

Les âmes s'en vont.
Sans se retourner, sans un mot laissé,
happées par une erreur, un accident, un fossé.

Les cœurs se fissurent.
Vidés de leur sève, usés au-delà de l'usure
d'avoir tant donné
sans jamais recevoir de quoi germer.

Les corps se manquent.
Difficile de vibrer en harmonie lorsqu'une part de soi,
celle qu'on ne surveillait pas, n'est déjà plus là.

Alors on vit, on apprend à se passer de l'indispensable
bien que cela semble impensable…

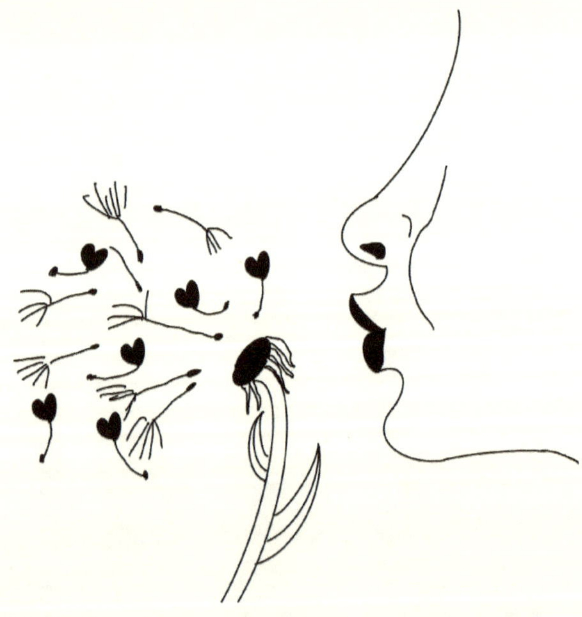

Et j'attends fiévreusement la prochaine vague,
la prochaine marée,
pour de nouveau, dans un océan d'amour
me laisser noyer.

L'autre.

Celle qui ne sera jamais assez.
Celle qui sera toujours de trop.
Celle qu'on n'hésite pas à décommander.
Celle qu'on oublie aussi d'annuler.
Celle qui soulage les pensées embrumées.
Celle qu'on adore, mais qu'on ne se risque pas
à aimer…

Je suis fatiguée d'être un point de passage.
Une maison d'été dans laquelle on vient se ressourcer.
Un port auquel on s'amarre en attendant marée basse.
Le fruit croqué hors saison à défaut d'avoir celui à maturité.
Oui, je suis fatiguée de soigner le vide
que d'autres ont laissé.
Et d'embrasser les épines des responsabilités
qu'elles ont refusé de porter.

Pourtant je me surprends encore à espérer et à tomber
dans le gouffre, qu'à leur tour, ils créent lorsqu'ils s'en vont,
d'un cœur précipité, rejoindre celle qu'ils recherchaient,
quand nos routes se sont croisées.

Ragaillardis, à présent, des forces dont ils m'ont vidée.
Comme si, tout à coup, ils se souvenaient que là-bas
quelqu'un les attendait.
Mais je ne leur en veux pas.
Je sais trop bien ce que c'est de marcher sans jamais trouver
de maison dans laquelle s'installer.
Je le sais, puisque je te guette
depuis le début de l'éternité.

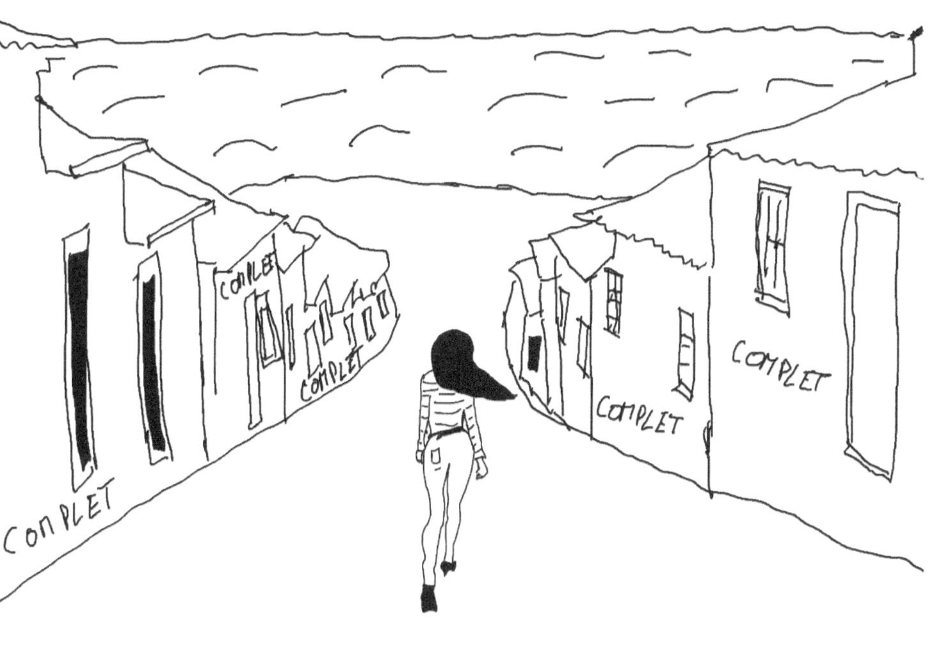

COMPLET
COMPLET
COMPLET
COMPLET
COMPLET
COMPLET

résolutions

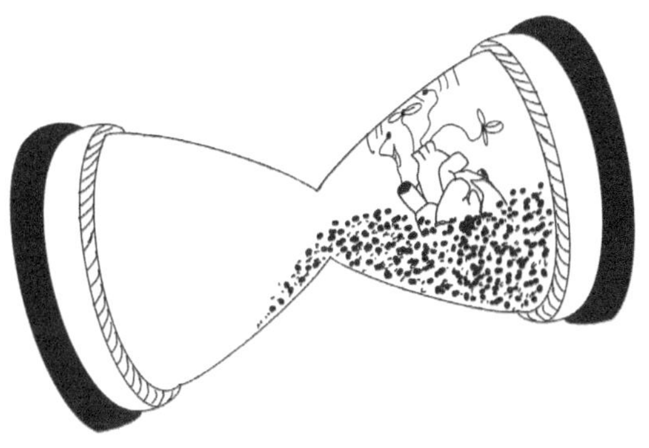

J'ai passé tellement de temps à survivre seule,
que je ne sais plus ce que c'est que de respirer
à deux.

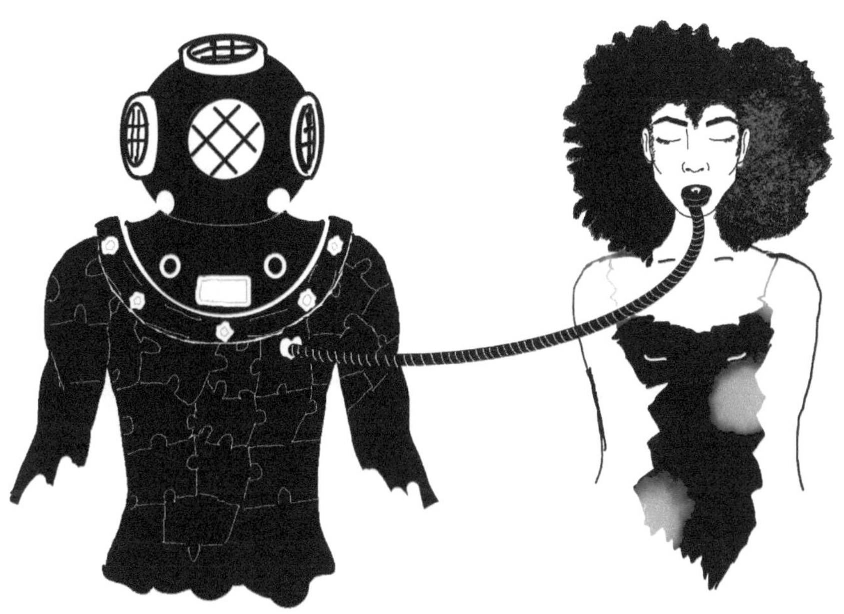

Lorsque l'on doute de sa capacité à se suffire,
à s'aimer, on saute sur n'importe quelle bouée.
On s'accroche, on se lie à cet objet inanimé,
par crainte de couler en nous-mêmes.

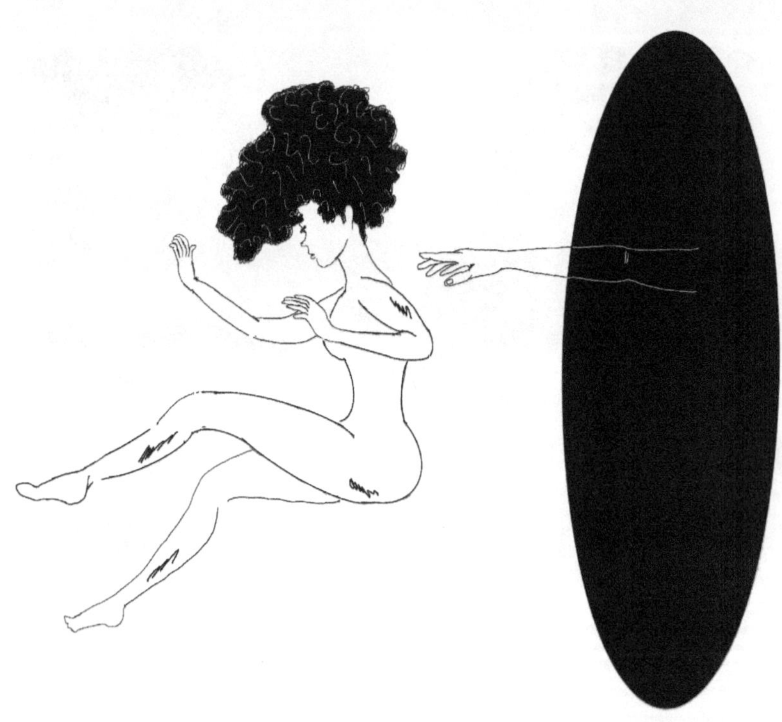

Tu as été ma dernière chance, ma dernière envie,
ma dernière tentative pour sauver des morceaux éparpillés,
telles les cendres d'une lettre brûlée, écrite par besoin
de vivre, détruite par besoin de vivre.

Tu m'as tout offert et tout repris à la fois, je ne saurais
l'expliquer, mais c'est un don et je te remercie
de m'y avoir initié.

Tu as été la tornade de magie, un soleil empli d'énergie
et assoiffé de m'aspirer, de me museler. Comment
résister à ce qui vous brûle et vous nourrit tout à la fois ?

Tu as été l'exemple parfait de l'amour avec un grand A.
Celui qui nous jette de tous les précipices, nous fait sombrer
dans les vices, nous rend sourds à la raison et aveugles
à la déraison.

Tu as été une constante interrogation, de celles dont on
craint de connaître la réponse, mais dont l'incertitude nous
excite, nous paralyse et nous bouscule.

Chaque fois que je parvenais à te toucher, presque à te cerner, tu te diluais dans le flot de mes pensées embrumées, tu annihilais ma volonté de tes baisers, comme si tu refusais de te dévoiler. Comme si tu t'interdisais de t'impliquer dans cette relation que tu disais chérir et aimer.

Plus que tout, mais à l'évidence, pas assez pour rester.

Tu m'as fait parcourir tant de territoires, celui de ton corps, ceux de ton esprit en arborescence, ceux de ton cœur en décadence.

Ta peine se lisait dans ton cœur, tandis que tes yeux, menteurs, s'évertuaient à crier une vérité qui n'était que la tienne. Tu voulais briller, en communauté, et dans l'intimité, tu dédaignais t'effacer. T'appuyant sur la science de ta connaissance de l'être, tu maugréais, m'injuriais, t'horrifiais, à l'idée que je te refuse le contrôle de mon âme.

Tu me percevais à travers le prisme de ta vision
de la bienveillance, comme un geôlier qui titille de ses lames
acérées, le corps nu de son prisonnier, tu t'amusais à renier
l'existence des traces indélébiles qui m'habillaient.

Tu as été doux, brutal, conquérant envahissant, amant
amical, partenaire de folies le temps d'un instant.
Tu resteras, sans doute, malgré tout, malgré l'amour vaincu,
la flamme éteinte, l'avenir perdu, ma plus belle histoire,
celle qui ne cessera de marquer un sourire timide sur mes
traits.

Tu sais, celui qu'on a lorsqu'au souvenir d'une journée
ensoleillée, sous la pluie, on prend plaisir à se laisser
tremper et brûler. Aussi, continueras-tu de me rappeler à
quel point il est important d'être bien-aimée, plus que de
l'être entièrement. Tu as été l'autre que je n'étais pas, celui
que j'attendais… ou peut-être pas. Tu as été cette moitié de
moi, et pourtant, je m'en déleste, non sans regret, non sans
peine, mais étrangement, en même temps… avec beaucoup
de joie.

– la lettre que tu ne liras jamais

Je veux être fauchée par l'amour.

Celui qui vous submerge, vous renverse, vous fait
éclater en mille morceaux pour ensuite vous recoller avec
autant de force. Celui qui vous broie, vous transcende,
vous dépasse, qui est aussi parfois vide de sens.

Je veux brûler d'amour.

Celui qui dévaste tout sur son passage. Qui naît d'une
ridicule étincelle et qui ne connaît pas de loi, de frontières
ou de limites. Celui qui semble ne jamais en avoir assez et
sait se nourrir de tout ce qui a trait à l'être aimé.

Je veux être déboussolée, perdue, retrouvée fauchée puis
secourue, renversée puis choyée. Je veux que mon corps en
demande encore et encore, être déchirée par l'indescriptible
et le vivre. Être constamment affamée et craindre d'être un
jour rassasiée.

Je veux l'amour qui dérègle le temps, où chaque
seconde peut se transformer en éternité en un instant.
L'amour qui sait aussi faire tout basculer en un
battement de cœur déboussolé. Je veux être atomisée,
abasourdie, totalement éblouie.

Je veux l'amour qui déplace les montagnes tout en vous
clouant sur place. Je veux l'amour qui va au-delà
de la communion des corps ou des esprits. L'amour qui ne
s'explique pas, qui n'attend pas, n'exige pas, n'oblige pas…

Alors…, pardon, ne m'en veux pas.
Tu es quelqu'un de bien, je n'en doute pas.

Mais j'ai beau tenter de me convaincre,
de me raisonner,
nous sommes tous les deux sans cesse
rattrapés par la réalité…

Aussi continuerai-je à avancer seule,
privée du plaisir d'être aimée

– quand je m'autorise à choisir

Je ne peux abreuver qu'une seule terre.

Aussi je me déverse dans chacun des êtres, accueille leur
gorge asséchée que je nourris de mes baisers
chaleureux.

Chacun aime à se plonger dans les replis de mon corps,
jouer avec chacune des gouttes de mon eau miraculeuse.

Je suis leur univers.

Et telles des étoiles en orbite, ils tournent autour de moi,
leur divinité.

Aussi,
toi qui prétends me conquérir, me posséder
toi qui aspires à me limiter.
Entends ma houle, ressens ma marée te submerger.

Je suis l'eau qui comble ta gorge assoiffée.

Je suis le soleil qui réchauffe ton corps décrépit.

Je suis l'astre qui illumine et hante tes pensées.

Je suis la seule graine fertile qui peut faire fleurir
ton jardin morbide.

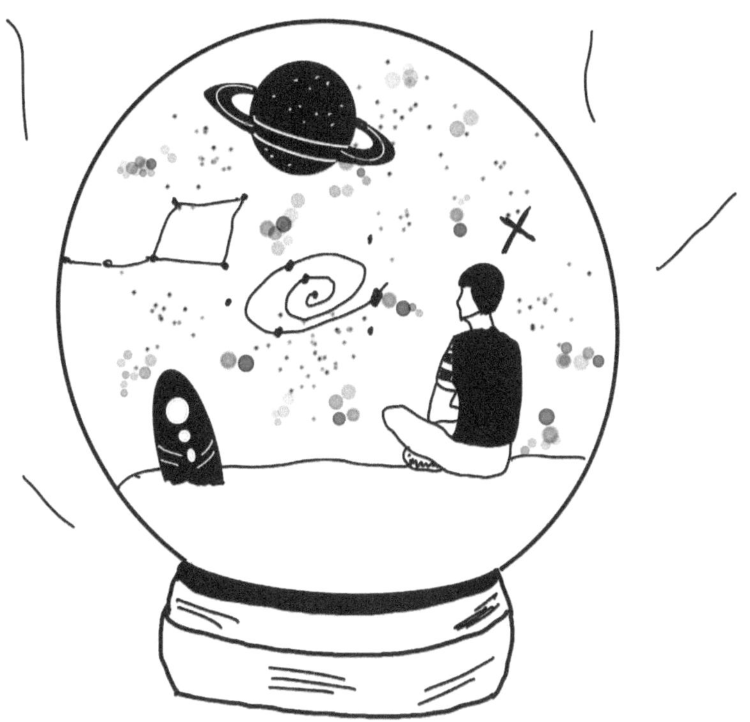

On ne badine pas avec l'amour.
L'amour est une responsabilité,
on s'engage à choyer un cœur
qui a pris pour demeure
notre âme ouverte.

On ne badine pas avec l'amour.
Être en couple, c'est construire
une histoire d'amour à trois :
celle de deux ego
qui doivent créer de la place
pour un troisième.

Trouver un équilibre en toutes choses.
Entre ses envies et ses besoins.
Entre les gens qu'on aime et ceux qu'on a peur
de voir partir.
Entre ce que l'on doit faire et ce qui est juste.
Entre ce qu'on attend et ce qui existe vraiment.
Entre ce qu'on pense vouloir être
et ce qu'on est capable d'endurer réellement
pour y parvenir.
Et rendre aux cœurs leur liberté,
laisser les âmes se libérer, pour retrouver
peut-être cette seconde moitié qu'on a tant désirée.

Changer son regard.
Emprunter le cœur de l'autre
pour mieux l'entendre,
mieux le comprendre.
Accepter de ne pas savoir
de ne pas le connaître,
de ne l'avoir jamais connu.

T'aimer a aujourd'hui un goût d'amertume.
Ton odeur me rend ivre de malaise, comme les volutes dé-
crépies d'un fruit, croqué après maturité.
Tes « je t'aime » éclatent en plein vol,
pupilles orphelines de mon cœur
fermé à ces faux appels de détresse.

Et je reste sourde, à ton cœur, à tes gestes,
à ta fausse tendresse.
Et je me détourne de tes baisers, de tes mots
passionnés, de tes regrets retardés.

Plus rien ne compte si ce n'est ta miséricordieuse
absence… ses formes, sa chaleur, sa douceur…
Rien que d'y penser, j'en salive d'avance.
Alors, pardonne-moi de jubiler,
ou libre à toi de m'en vouloir, de me détester.
Après tout, quelle importance, je m'en fous
puisque t'aimer, aujourd'hui, n'a plus aucun goût.

Je ne me suis jamais sentie aussi en vie
que depuis que tu es parti.
S'il te plaît, promets-moi de ne pas revenir.
Essaie au moins de tenir cet engagement-là.
Si ce n'est pas pour moi, fais-le pour nous.

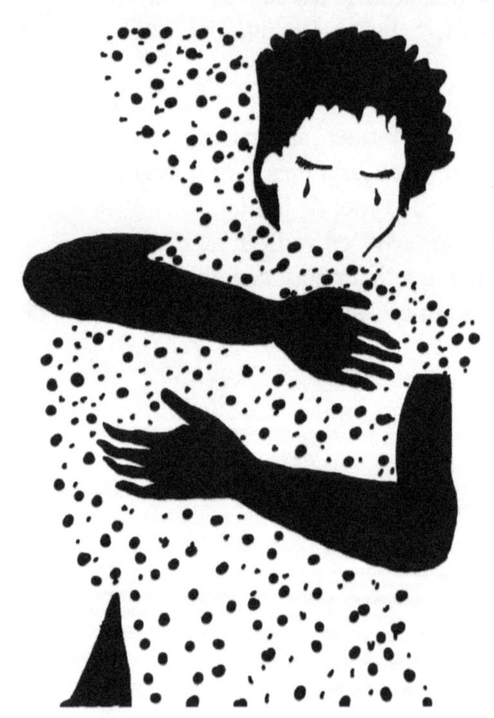

Lâcher prise.
S'ouvrir au changement.
S'ouvrir aux inconnues de nos équations.
S'ouvrir aux nouvelles rencontres.
S'ouvrir aux échanges effrayants.
S'ouvrir aux sables mouvants.
S'ouvrir à celui qui est différent.
S'ouvrir à se fermer quand c'est le bon moment.

Je suis le temps que l'on habite, je suis le berceau de toutes mes folies. Je suis l'antre que l'on rêve d'envahir. Je suis la maison close que l'on désire. Je suis prisonnière tout en étant geôlière. Je suis la modernité qui se lasse, revis le passé. Je suis le début et la fin, le point d'ancrage et de rupture, là où tout a commencé.

Je n'apprends pas de mes erreurs, je préfère les répéter, à l'identique, blessures du cœur par cœur. Je suis cette histoire inachevée, que je tente à chaque fois de renouveler. Gelée au printemps, j'hiberne continuellement, brisée, encerclée par mes propres peurs, je crains d'affronter ce qui en moi me fait horreur. Je choisis de tout effacer, tout oublier, amnésie traumatique cardiaque. Clone en jachère, destinée à me fondre dans la multitude des invisibles.

Les fantômes de mes années reviennent m'enlacer. Les souvenirs de moments heureux trop vite consumés plantent leurs baisers d'acide dans chacune de mes pensées. Ils me murmurent qu'il m'est inutile d'essayer de leur résister. Ils dansent sur la tombe de mon cœur anesthésié. De leur clameur sourde s'échappe leur rire galvanisé de me voir continuer à sombrer dans des eaux glacées.

Ce ne sont que des fantômes, d'une autre réalité. Mais c'est une partie de mon histoire, que je ne peux ignorer. Alors je les regarde virevolter de joie, bienheureux de leur pouvoir sur moi. « N'essaie pas, tu pourrais te faire mal. N'ose pas, tu pourrais en souffrir. Ne vis pas, tu n'es pas prête à en payer le prix. »

Je ne les crains pas, car ces fantômes ont le même visage
que moi. D'histoire en histoire, d'espoir en espoir, nous
avançons ensemble, pas à pas. Il y a des nuits où la clameur
prend plus d'ampleur, mais j'ai tout de même appris à leur
fermer la porte. Je les entends tambouriner,
réclamer leur liberté.
Mais cette nuit encore je serai plus forte
que mes pensées irraisonnées.

Quand l'être aimé part, c'est toujours la même histoire.
On se surprend à rêver de pouvoir tout recommencer.
On s'enferme dans l'écho de nos « je t'aime ».
On s'éprend de soi-même.
On regarde derrière chaque recoin,
cherchant les miettes des « tout ira bien »
On rejoue les plus belles scènes,
en exagérant la mise en scène.
Eh oui, c'est toujours plus facile de se mentir,
que d'accepter que le plus dur est à venir.

Mais à vrai dire, que peut-il y avoir de pire
que de l'avoir laissé partir ?
Serait-ce par exemple, la solitude glaciale
du goutte-à-goutte de la vie qui passe ?
Ou peut-être l'écho silencieux d'une voix, mélodie flétrie
d'une ritournelle qu'on croyait éternelle ?

Serait-ce l'étendue vertigineuse d'un futur dont on ne sait
plus comment dessiner les contours ?
Ou alors, la tentation insidieuse de bras qui ne nous méritent
pas pour remplacer un ancien *toi(t)* ?

Non, ce qu'il y a de pire, c'est de dépérir.
C'est de renoncer à jouer avec la chance,
de se faire à nouveau confiance.
Par crainte de ressentir à coup sûr, les cicatrices d'antiques
blessures, on préfère annihiler ainsi tout sentiment, plutôt
que de s'ouvrir totalement.
Alors, oui, j'ai perdu mon titre, je ne suis plus la reine de
ton empire, mais je te laisse donc partir, convaincue que le
meilleur est à venir…

la bonne direction
celle qui dérange
celle qui vacille
celle qu'on ne voit pas
celle que l'on n'attend pas
celle qui se faufile entre les doigts,
mais nous tend la main à chaque fois
celle qui va à contresens, de tout,
des autres, de nous, du bon sens
celle qui s'est choisie et qui souvent
est celle qu'on a fuie

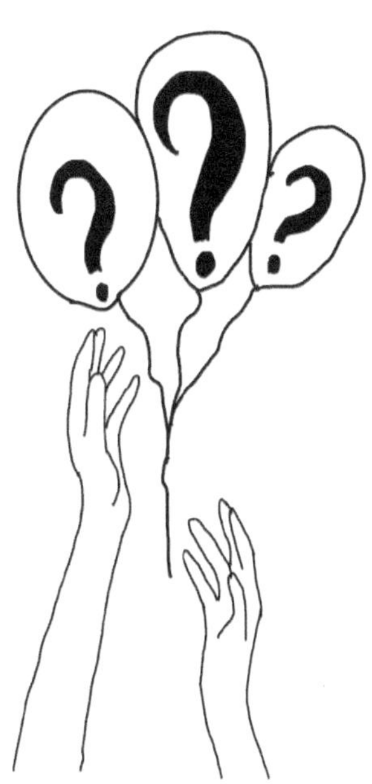

se pardonner
pour les moments d'égarement
pour les mots de trop
pour les actions à reculons
pour l'absence de bienveillance
pour la rancœur infligée à d'autres cœurs
pour avoir choisi d'être malheureuse
peut-être par crainte du bonheur
et accepter que demain
il faudra sans doute tout recommencer

Il est des cœurs qui s'enamourent des corps dispersés.
Il est des corps qui, épris d'une transe
qui les transcende,
s'égarent dans les limbes d'un amour embrumé.
Et de vie en vie, de chairs en chers, on s'évertue
à s'accrocher à ce qui ne saurait nous retenir.
On perd de vue l'essence de l'essentiel :
l'extravagant plaisir d'être…
Ainsi… à trop vouloir aimer ou s'aimer,
on en oublie tout simplement d'exister.

faire confiance au hasard
qui fait route avec la chance
taquine et s'acoquine avec les coïncidences
se joue des plus subtiles évidences
se camoufle derrière les imprévus
se plaît à détruire les convictions
indéniablement, avec préméditation
nous plonge parfois dans l'incompréhension
avec force, passion et *(dé)*raison

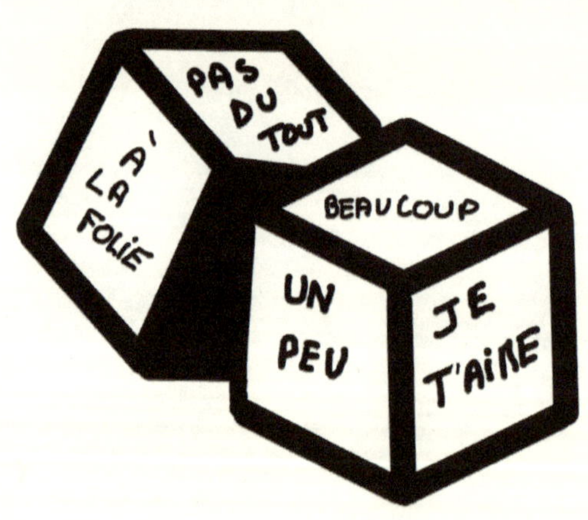

et puis merde
aux hommes qui ne comprennent pas
aux hommes qui ne nous voient pas
aux hommes qui n'essaient pas
aux hommes qui ne veulent pas
aux hommes qui craignent nos différences
aux hommes sans importance
aux hommes qui n'ont pas confiance
aux hommes qui nous aiment par intermittence
aux hommes dont la présence rime avec inconstance
je me porterai bien mieux sans eux
et le leur dire, est une manière
de ne plus me mentir

Le conte se répète, c'est la même chanson,
chaque jour dans ma tête.
Quelques variations d'intensité,
quelques fausses notes, comme sautées
qui donnent un ton d'éternité à cette mélodie
qui n'arrête pas de me hanter.

Une histoire d'alter ego, de *je(u)* de lumière dans les
ténèbres. J'entends des voix en écho, une conversation
sans fin entre ces deux entités qui ne cessent
de vouloir me dominer.

Une apparente quiétude, un temps,
pour mieux me déstabiliser, me laisser éparpillée.

Une danse entre toi et moi, même visage, même âme,
se battant pour le contrôle d'un même corps.

Et à l'aube de ces mille batailles, une seule de nous deux
s'engouffre dans la faille.
Mes parts d'ombre et de lumière, que toujours tout oppose
condamnées *ad vitam aeternam* à trouver
un semblant d'osmose.

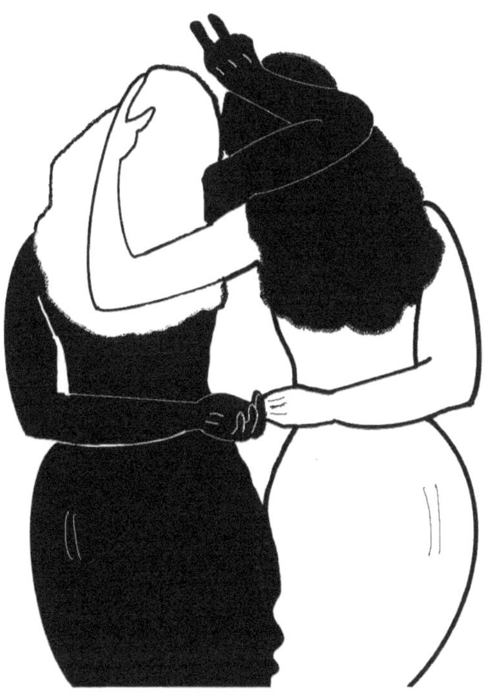

Tel Sisyphe, s'évertuer à avancer malgré les chutes
provoquées par les pavés sur les chemins où nos âmes
s'égarent.

Tel Icare, chatouiller le soleil de nos folies de vivre
et ramasser les cendres pour les confier au vent afin qu'il
féconde la terre de nos espoirs meurtris.

Telle Pandore, satisfaire notre irrépressible soif de
goûter à l'écume juteuse de la connaissance de soi.

Et tels Aphrodite et Narcisse, le temps d'une nuit, se perdre
dans les désirs et les plaisirs de s'aimer à en oublier de se
partager.

Et croire encore que demain…
tout peut recommencer ?

Il y a certaines choses que je fais
sans réfléchir.
Me lever, marcher, fuir pour ne pas penser.

Mais aimer…
Aimer, ça pour sûre, je sollicite mon cerveau, et mon cœur,
qui me disent chacun, me connaître par cœur.

Et tous deux se mettent à discourir.

C'est à celui qui saura le mieux comprendre ce qui m'arrive.
C'est à celui qui saura me dire si je rêve, ou délire.

Aimer, recquiert toujours un organe en trop, car aucun ne
parvient à trouver un terrain d'entente.

Si je ne questionne pas, si je ne conscientise pas, j'ai peur
que mon cœur se trompe et s'enivre du bonheur d'aimer.

Si je réfléchis, si j'analyse et décortique, je crains de me
laisser embarquer et de passer à côté.

Alors je choisis mon « FOMO* » à moi.
Je saisis chaque occasion d'aimer en acceptant de ne pas
pouvoir me faire confiance.
Je saisis chaque baiser volé en priant
pour qu'il s'agisse bien de ma réalité.

Je vis les yeux à demi clos, de crainte
de découvrir le pot aux roses.

*FOMO: Fear Of Missing Out, c'est à dire, la peur de rater quelque
chose

Jusqu'à ce que l'autre, fatigué de cette comédie, de cette
pièce que je suis la seule à jouer, ne se lasse.
Et ne m'abandonne à mon cœur et à mon cerveau
qui répètent tour à tour : si tu m'avais écouté, peut-être
t'aurait-il aimée, si tu m'avais écouté, peut-être
n'aurais-tu pas souffert, si tu m'avais écouté, peut-être
n'aurais-tu pas été blessée.

L'amour, c'est peut-être quand le cerveau et le cœur se
taisent pour laisser l'univers gouverner ?

éclosion

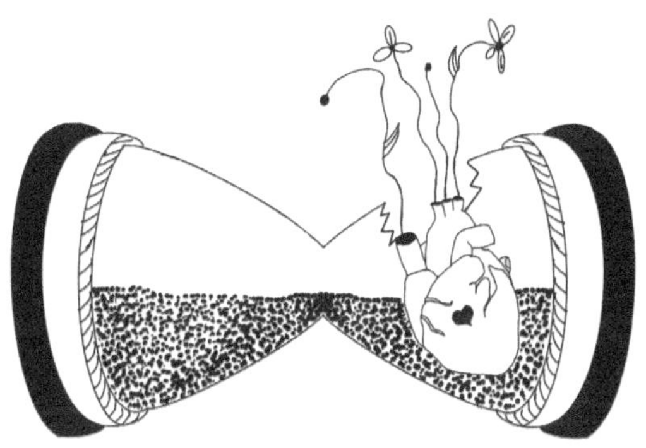

J'ai lâché prise.
Comme un million de ballons ancrés à mes chevilles.

J'ai lâché prise.
Comme une peau vieillie, ridée et fripée,
faite des restes de mes chairs abîmées.

J'ai lâché prise.
Comme le silence retentissant dans l'écho vide
de mon corps.

J'ai lâché prise.

Je me suis autorisé à laisser l'amour me trouver,
ou pas.
Je me suis permis de vivre en embrassant le plaisir d'être
seule, plaisir non coupable.
Je me suis permis de rire, de mes peurs,
de mes craintes, de mes erreurs.

J'ai lâché prise, sur eux, sur le passé,
sur celle que je rêvais de devenir.

J'ai lâché prise et me suis retrouvée à nouveau entière, fière.

Celui qu'on n'avait pas vu venir.

Un état d'esprit,
une manière pétillante de taquiner la vie.
Une présence,
un refuge pour les jours de grand vent.
Un socle,
pour prendre appui avant de sauter.
Un cadre,
pour contenir les douleurs
mal soignées.
Un cœur,
pour redonner
le goût de s'aimer.
Un imprévu,
qui arrive et repart
sans s'être annoncé.

Celui qu'on n'avait pas vu venir.

Mais que l'univers
avait déjà mis de côté
pour nous aimer.

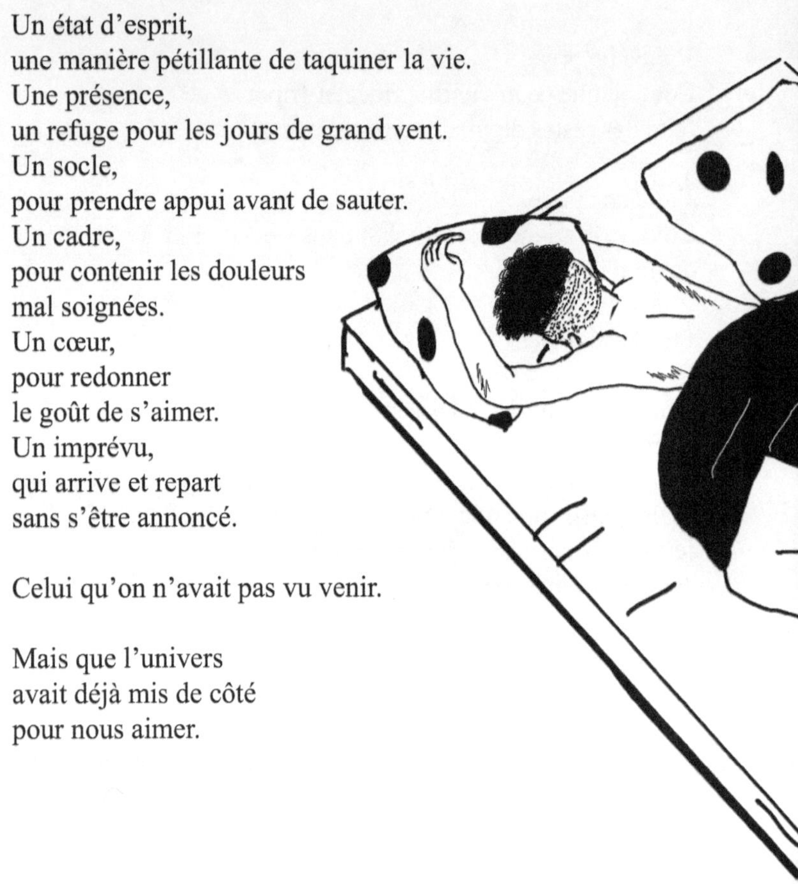

douceur de tes cris,
mélodie rythmant les va-et-vient de
nos récits épiques

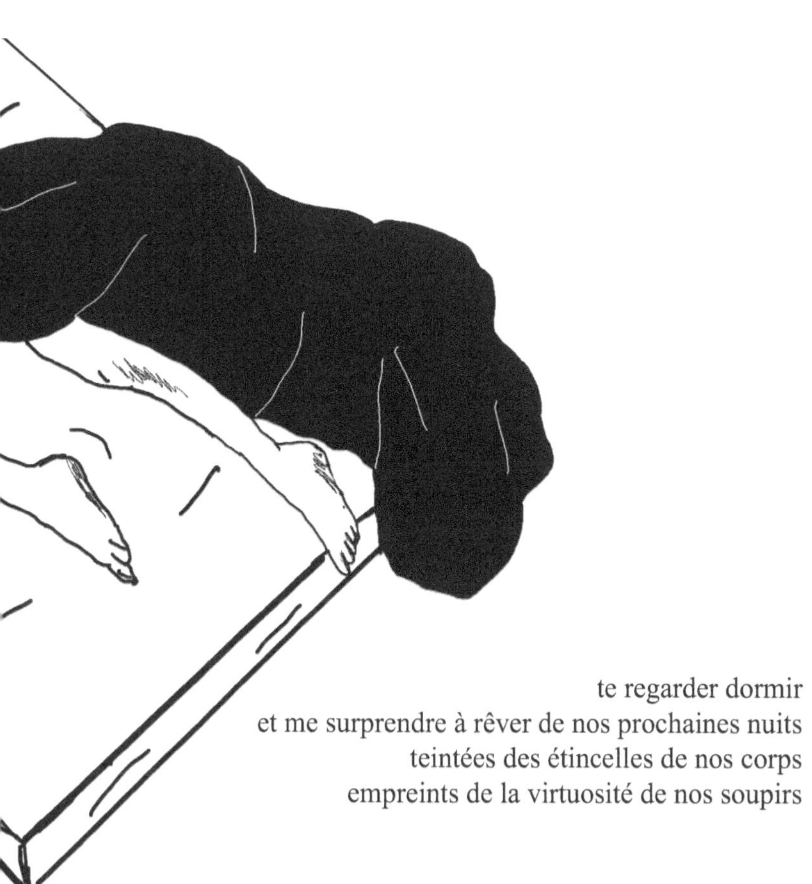

te regarder dormir
et me surprendre à rêver de nos prochaines nuits
teintées des étincelles de nos corps
empreints de la virtuosité de nos soupirs

Parcourir les rues à l'envers et à l'endroit.
Se jurer de ne plus jamais boire et recommencer
à plonger dans l'ivresse de trop nous aimer.

Déposer mon cœur dans ta main pour y sentir
la chaleur du tien et attendre que demain n'arrive jamais.

Oublier pourquoi nous devions rentrer.
S'aimer à se redécouvrir au fil de nos baisers,
de nos pas sur les pavés.

Faire les quatre-cents coups avec toi,
ma moitié d'âme, mon univers.

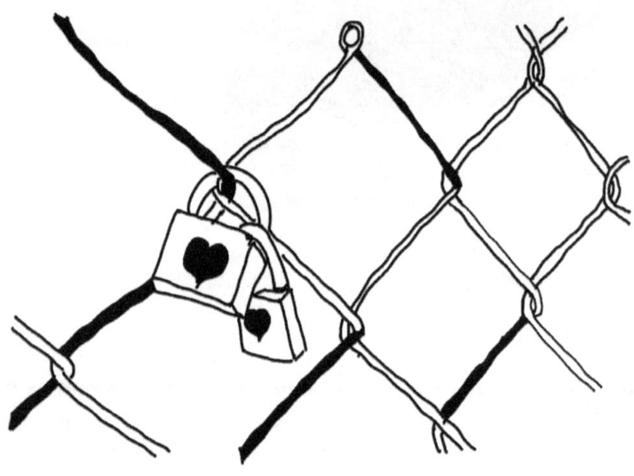

quand la vie s'entrechoque,
que les fondations se disloquent
lorsque je suis sûre de l'incertitude de vivre
je retrouve dans la quiétude de tes bras,
un semblant de ce qu'on appelle « chez soi »

Mahuna Vigam

L'hydromel de ton être m'étourdit.

vingt-six lettres dans l'alphabet
un milliard de combinaisons
une seule me fait perdre la raison
celle de ton nom

l'écriture de mon amour sur ton corps
est la seule langue que je maîtrise

alors, forcément

l'amour n'a qu'un seul langage,
celui de nos corps en pleine discussion

Les matins d'hiver sont les plus doux.
Le jour timide tarde à se montrer.
La nuit continue de couver.

Et le mélange des deux
donne à tes yeux ambrés qui me dévorent,
la couleur de l'amour lorsque naît en toi l'aurore.

– lorsqu'il parle de moi

Je me souviens de l'hiver dernier,
quand j'ai commencé à apprécier les nuits sans fin
et le froid avide de croquer ma chair.

Je me rappelle mes mains qui te cherchaient,
lorsque nous marchions dans les rues illuminées. Oui,
je me souviens de l'hiver dernier. De tes yeux, aux reflets
azur, pétillants sous la lune enneigée,
une fois nos mains retrouvées.

Je figerais bien le temps si j'en avais le pouvoir.
Il n'y a qu'en cette saison-làque tes yeux prennent cet éclat
particulier. Celui qui donne à l'amour que tu me portes la
chaleur singulière de l'été en plein hiver.

– lorsque je parle de lui

J'aime l'hiver avec toi.
Ne m'en veux pas, le froid teinte tes joues de rouge
et me donne un prétexte pour t'embrasser :
mettre aussi de la couleur sur tes lèvres glacées.

Au fond, je sais que tu ne m'en veux pas.
Le feu de tes yeux m'invite à recommencer.

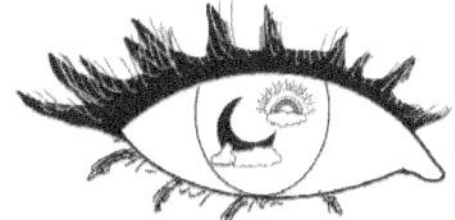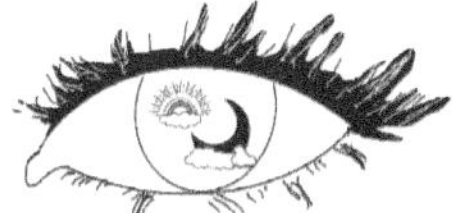

tourbillon des corps
parfum désir, nos soupirs
enfouis dans les plis

parenthèses de nos corps enlacés
escapade épique
au pays de Morphée

et aux creux de nos seins,
de nos reins, dans le nid de nos ébats,
pousse une fleur dont la croissance s'étire
au rythme d'un même cœur qui s'élargit

éclair de lune
ta peau aux mille reflets
m'éclipse

tu ris
la mer jalouse de tes yeux étoilés
me noie d'amour

Je t'ai attendu, je t'ai désiré, je t'ai vu.
Et maintenant que tu te présentes devant moi,
je recule de mille pas.
M'abandonner à ton amour me semble plus effrayant
qu'une éternité à t'avoir cherché.

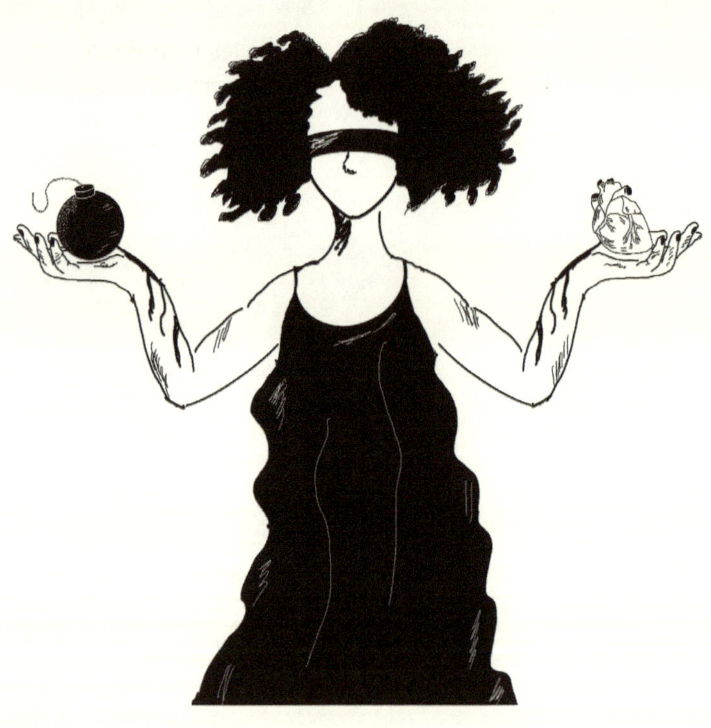

Il y avait quelque chose de dur, de froid et de rageusement
hypnotique dans l'acier de ses yeux cendre.
Il y avait quelque chose de vertigineux, de mystérieux et
d'impertinent dans la courbe langoureuse
de ses lèvres vermeilles.

Il y avait quelque chose de doux, d'insaisissable
et de violent, de grandiloquent et d'attendrissant
dans les lignes de son corps nacré d'obscurité.

Et elle reposait là, près de moi. Je pouvais la toucher
de l'âme. Je pouvais la baiser du cœur. Après tout, elle avait
le corps de l'amour. De celui qui s'habille des blessures
d'une vie, se baigne dans les rivières salées et qui,
dans son malheur, parvient malgré tout
à vous noyer de bonheur.

Elle semblait à portée de main, toutefois…
je sentais l'immensité du fossé entre nous. Celui-là même
qui lui permettait de garder les hommes à bonne distance
tout en les attirant inexorablement…

J'avais plus à perdre qu'à gagner, pourtant j'ai
plongé et tenté d'atteindre l'autre rive. Celle où son cœur
prend racine…

– quand on me comprend enfin

J'aime sentir tes doigts parcourir mon territoire.
Être transportée par tes soldats perdus dans mes dunes
et mes monts sauvages.
Vibrer au martèlement de ton avancée
sur ma peau enflammée.
Frémir sous la tempête de ton souffle rendu tornade
quand dans mes plis il s'égare.
J'aime la rencontre de nos opposés qui se complètent
dans ce jeu de rôle.
Ne m'en veux pas si je gagne à chaque bataille…
Je sais, depuis toujours, quelles sont tes failles
pour te faire jouir d'amour.

Joyeuse descente aux enfers.
Dans le dédale de ton corps je me perds
et plonge, tête la première.
Tu es mon jeu de piste préféré.
J'aime à m'égarer dans l'effeuillage
de ton corps en cascade, de tes courbes vertigineuses
qui embrasent l'avalanche de mes sens.

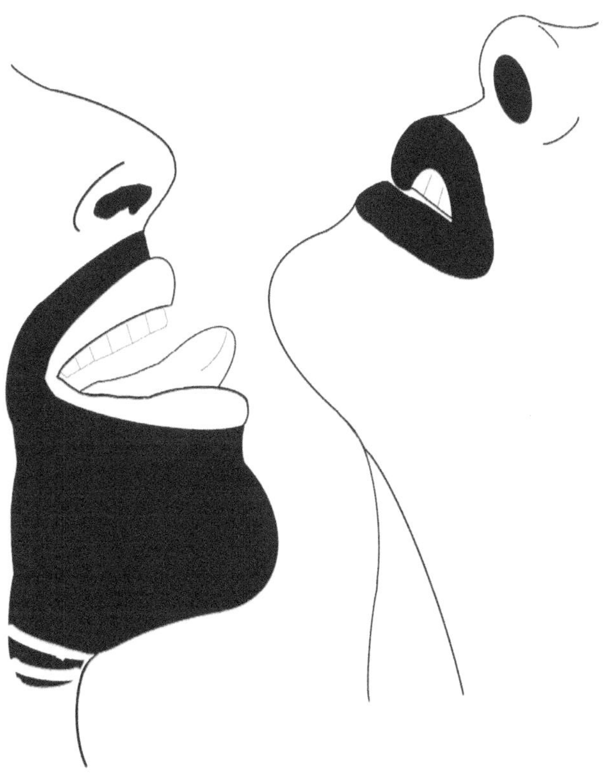

On attend depuis tant de temps.
On pose son espoir dans un recoin de son cœur,
et on s'en détourne, on fait comme s'il n'existait pas.

Car le contempler, ce serait prendre le risque
de voir cet espoir mourir avant de se réaliser.
On patiente depuis si longtemps.
On se forge une carapace, on s'apprivoise, on se toise.

Et puis un jour, on comprend.
Après avoir tout perdu, laissé le bonheur filtrer
à travers les fenêtres de nos peurs.

On conçoit que depuis toute cette éternité, c'était nous, qui
n'étions pas au rendez-vous.
C'était moi qui n'étais pas en accord
avec ce que je voulais être.

C'était moi qui n'étais pas prête.

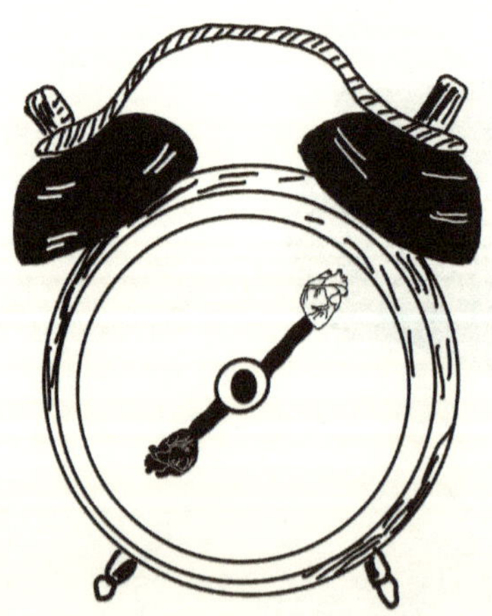

soif de tes doigts de soie
combustibles irrésistibles de ma chair…

131

Dans le reflet azur, le corps nu je me tâte.

Je regarde les traces des émotions castrées.
Les vestiges de saveurs et de baisers, jamais désirés.
Les meurtrissures au coin des rainures, éclatées.
La chaleur encore ardente des mains conquérantes,
amours assassinées.
Le poids des larmes torrentielles,
les cavités défoncées, ravagées.

Je pourrais m'arrêter là, ne constater que les dégâts
créés par des guerres menées par d'autres que moi.
Les restes calcinés de corps qui ont labouré, sans jamais
semer.
Les plaies béantes, suintantes, ma chair à découvert,
et pourtant fière.

Je pourrais m'arrêter là, laisser couler le sang noir d'une
vie vide de sens, qui s'égoutte à gouttes du temps qui passe,
témoin inutile et criant des enfers dont je suis la reine.

Je pourrais m'arrêter là. Mais…

Dans le reflet azur, le corps nu, je me tâte.

Je regarde, et j'admire. La femme, la fille, l'enfant
résilientes, vivantes.
Et nos corps désarticulés se confondent et s'emboîtent pour
donner forme à l'œuvre d'art de l'espoir.
Chrysalide éternelle, toujours enveloppant mes chimères,
je pars, un pas après l'autre
pour mieux retrouver
celle que nous avons oublié d'aimer.

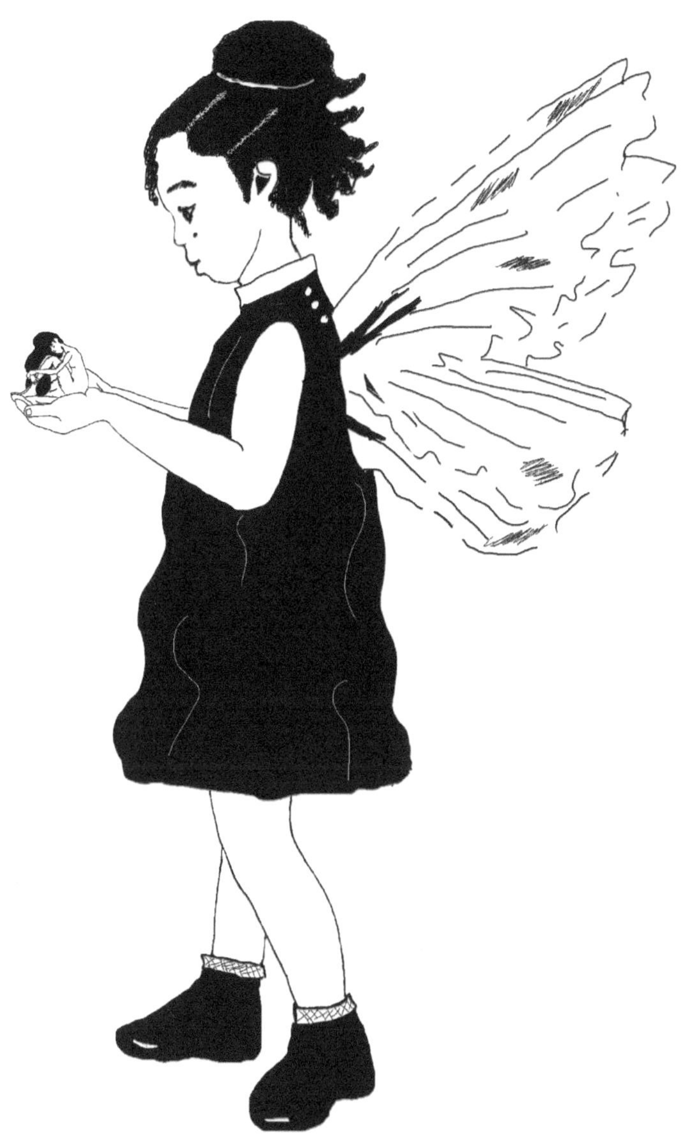

Mahuna Vigam

il n'y a rien de plus doux
que le souvenir de mon cœur reposant là,
dans le creux de ton cou

Tourner la page
et ne garder que l'exquis.
Les joies miraculeuses que seule toi comprends.
Les peines monstrueuses qui t'ont permis de grandir.
Les amitiés perdues dont on a savouré
chaque bonbon acidulé.
Les amours passagers grâce auxquels on a appris à offrir
le meilleur de nous-mêmes.

Mais conserver
les petites et microvictoires.
Celles qui t'ont donné la force d'avancer.
Les souvenirs, ceux qui réchauffent,
sur lesquels s'appuyer lorsque tout chavire
Les prochains rêves à réaliser,
ce n'est que partie
remise.

Qu'importe s'il faudra tout recommencer
et écrire les chapitres suivants à l'encre des ambitions,
des folies, des plus grandes passions.

Mahuna Vigam

après la pluie
l'arc-en-ciel de tes yeux au soleil
m'étourdit

sucré,
le goût oublié de tes lèvres
sous la rosée s'emmêler

velours rosé
caresse de l'intimité
j'exhale, étonné

Comme une écharde que je vois, que je sens,
mais que je ne peux retirer.
Des mots qui battent à mes tempes
et qui me paralysent, m'obligeant à les renier.
Une épée de Damoclès qui pourrait tout changer,
me briser, te libérer.
Si je m'aventurais à les laisser couler, s'exprimer ?

Si je ne peux te les dire, j'espère que tu les ressens
dans mes baisers.
Dans les gestes de mes mains sur ton corps dénudé.
Dans les reflets de mes yeux à la vue de tes lèvres
entrouvertes.
Dans ma manière de t'effleurer
pour m'assurer que tu es bien réel.

Je chante mon amour pour toi à chaque fois
que nos enveloppes se heurtent et se confondent.
Ces mots, qui hantent mes nuits et qui rêvent de liberté,
chaque nouveau jour à tes côtés.

Des mots qui battent mes hanches, mais que je chéris,
retiens au creux de mon sein.
Par crainte qu'une fois prononcés, ils ne m'enchaînent à
jamais à tes reins.
Je ne peux pas te dire que je t'aime. Mais je sais que tu le
sais. Il faut que tu le saches.

Et si, malgré tout, tu doutes de mon cœur, contemple
l'immensité de ton regard dans le miroir.
Il représente l'infime moitié de la passion que j'ai pour toi.

Si malgré tout, tu doutes de mes mots, pose tes mains sur ton
cœur. Il te donne un aperçu du rythme crescendo que fait le
mien au son de ta voix.
Pardonne-moi, si je ne sais pas comment les dire,
si je ne peux les prononcer.
Car avant toi… le vois-tu ? Je crois que, jamais encore,
je n'avais appris à aimer.

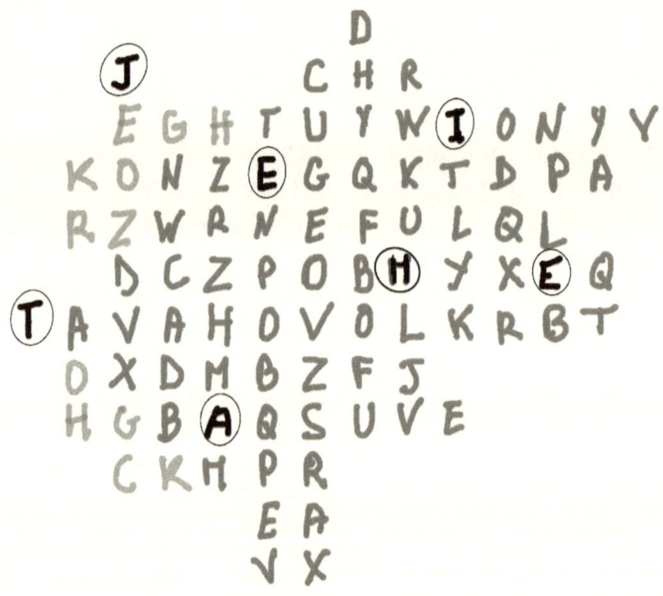

Il y a quelque chose de magique dans la manière dont tu me
regardes. Tu dissous ma tristesse même les jours de tempête.
Alors, je fais la part des choses moi aussi.
J'aime te faire pleurer de rire.
Je considère que c'est mon devoir de te prendre dans mes
bras. Je suis là pour sécher toutes tes larmes,
surtout celles-là.

S'imaginer…
Là où la pensée
n'existe pas encore.
Au-delà du tourbillon
de la valse des possibles
et des impossibles,
en suivant la course effrénée
des fleuves
qui s'échappent des barrières
des « et si ? »

Sur la terre
timidement fertile
des envies indécises
dans les yeux
qui nous contemplent,
mais que nous ne voyions pas.
Ceux de cette personne
qui attend que nous devenions
ce que nous sommes destinés à être.

Cet autre
dont les yeux nous disent
qu'il nous aime déjà.

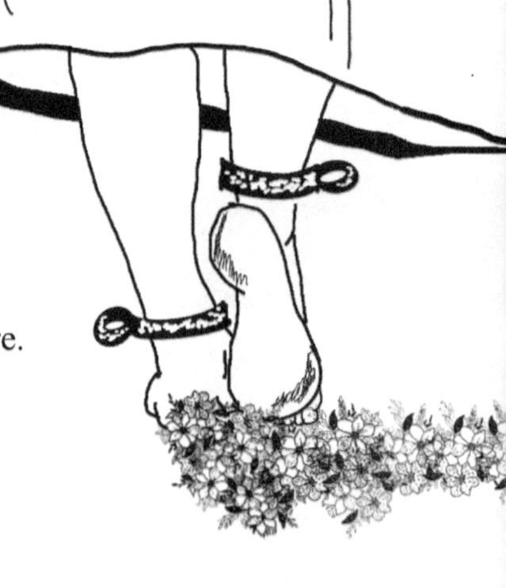

Mahuna Vigam

je n'ai plus peur qu'il parte
je ne crains plus de rester
je laisse les possibles se multiplier

je n'ai plus peur de donner
je ne crains plus de recevoir
je laisse à la vie et ses caprices
la joie de me ballotter

je n'essaie plus de lutter
de corriger le passé
de créer un futur dans un présent
qui n'a pas encore été

je laisse, enfin
l'inattendu me guider

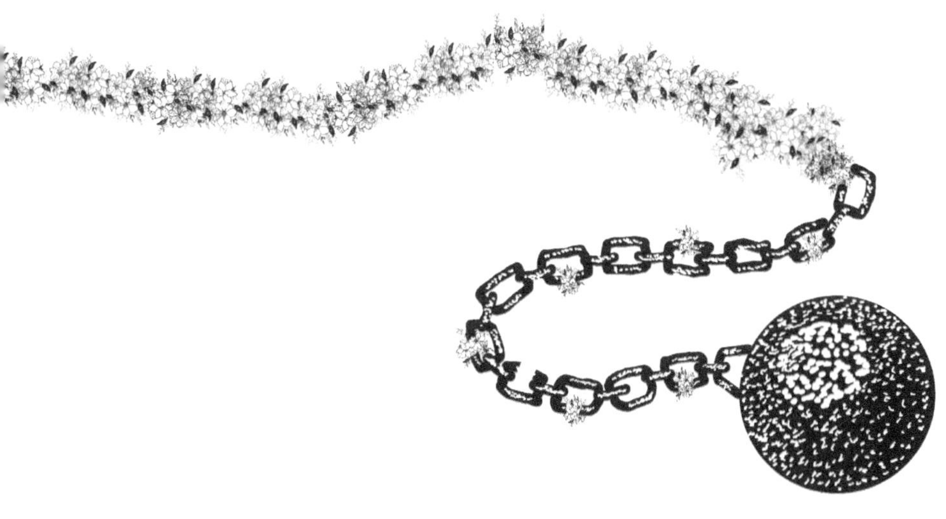

Il n'y a pas beaucoup de choses en lesquelles je crois.
La seule dont je ne doute jamais, c'est l'écho de mon cœur
qui bat quand je te vois.

Tu es ma plus belle certitude.

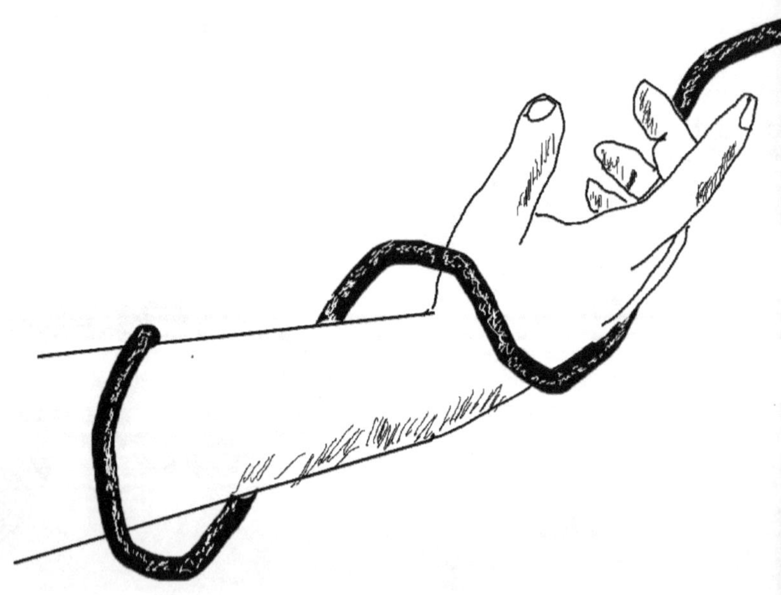

Toi, mon amour, ma destinée.
Mon idiote évidence qui m'attendait.

143

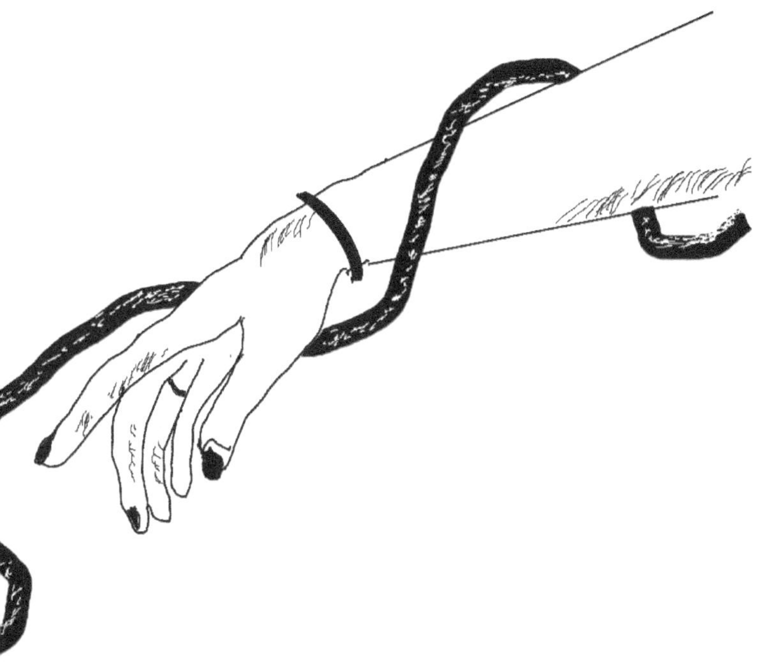

À tous les corps brûlés, les âmes écorchées, les cœurs
défigurés : c'est vrai, en amour, on ne fait pas de
compromis avec la douleur. Mais n'oubliez pas, tant que
vous continuerez d'aimer et de vous aimer,
tout reste possible. Car aimer, c'est avoir le courage
de ses erreurs et la force de ses peurs.

Mahuna

À découvrir dans la collection Mahuna Poésie :
au-delà de nos maux - décembre 2020

Retrouvez l'actualité de Mahuna Poésie sur : www.mahunapoesie.com
Instagram : @mahunapoesie
Découvrez les prochains livres de Mahuna Vigam **en exclusivité**
en vous abonnant à la newsletter *la Voix des Mots*.